子どもにウケるたのしい雑学

坪内忠太

装丁……………………蛯澤三和子
カバーイラスト・本文イラスト……津々井良

本書は小社より出版された『子供にウケル謎解き雑学』を改題し、大幅に加筆した新版です。

子どもにウケるたのしい雑学　目次

第1章

なぜ、イヌはよそのイヌのお尻をクンクン嗅いでまわるか？

第2章

耳の穴に指を突っ込むと聞こえる「ゴーッ」という音の正体は？

第3章

セミは逃げるときどうしてオシッコをするか？

第5章

田舎の空気はなぜ、おいしいか？

第6章

大型旅客機の愛称は、なぜ「ジャンボ」か？

第7章 シマウマのシマ模様は、「白地に黒」か「黒地に白」か？

第8章 地球も月も太陽も球。天体はなぜまるいのか？

第1章

なぜ、イヌはよそのイヌのお尻をクンクン嗅いでまわるか？

1 なぜ、イヌはよそのイヌのお尻をクンクン嗅いでまわるか？

イヌの世界は「匂い」の世界である。見た目より「匂い」、鳴き声より「匂い」だ。だから、よそのイヌを見つけると、いそいそと近寄り、人間の数千～数万倍といわれる超高感度の鼻を互いに近づけ、軽く挨拶し、次にお尻を嗅《か》ぎ合う。人間でいえば名刺交換し、自己紹介をしているのだ。その「匂い」で、性別、強弱、縄張り、その他イヌとして必要な情報をすべて知ることができる。その結果、自分が格上とわかると相手の尻をなめるのである。

2 なぜ、オスイヌは片足を高く上げてオシッコするか？

オスイヌを散歩に連れていくとあちこちにオシッコをかけてまわる。他のイヌに自分の存在を知らしめる行為である。であるから、自分の匂いを消されないよう、足を上げ、できるだけ高い位置にオシッコをかける。高ければ高いほど、自分と同じか自分より小さいイヌに、上からオシッコをかぶせられる心配がない。では、メスイヌはどうか。メスもポイントごとにオシッコをしてまわるが足を上げる必要はない。なぜなら、メスは発情のシグナルがオスに伝われば、それでいいからである。シグナルはオスが嗅ぎまわって探してくれる。

3 イヌの鼻先がいつも濡れているのはなぜか？

イヌは他のイヌの縄張りを察知するのも、餌を探すのも嗅覚が頼りだ。匂いは、匂いの微粒子によって空中を運ばれるので、微粒子をより多く集めることによって、早く、正確に匂いの正体を知ることができる。匂いの微粒子は乾燥したところより、湿ったところに集まる。だから、鼻は濡れている方が、都合がいい。鼻が乾いていたら体調がよくないのである。

4 家の中で飼っているイヌはなぜ、外ではしっぽを股にはさむか？

ペットブームで、郊外ではイヌを飼っていない家の方が珍しいくらいだ。公園はイヌの散歩コース、いろんな種類が行き交っている。そんな中に、股の間にしっぽをはさんでキョロキョロしているイヌがいる。どうしたのだろうか？

一般に、イヌは喜んでいるときはしっぽを振り、怯《おび》えると股の間にはさむ。公園で見かけるそんなイヌは、恐らく屋内で飼われているのだろう。家の外はすべて、他のイヌの縄張りなので、怯えたイヌはなるべく目立ちたくない。そこで、自分の匂いがもれないようしっぽで尻をふさいでいるのである。

5 イヌは、純血種より雑種の方が元気だ。なぜか？

イヌだけではなく、どんな動物でも、植物でも、雑種が親より優れた側面を持ってあらわれることを雑種強勢《ざっしゅきょうせい》という。例えば、イノシシとブタをかけ合わせたイノブタは良質の肉食ブタであり、ロバとウマの子のラバは粗食でも病気にかからない。雑種強勢は、親のいいところを受けつぐだけでなく、ハイブリッド（雑種）酵素が形成されることがシュワルツという人の研究でわかっている。これが雑種の「元気の素」である。純血種にはそれがない。

6 昔、日本のあちこちにいた日本オオカミはなぜ絶滅したか？

徳川綱吉《つなよし》の「生類憐《しょうるいあわれ》みの令《れい》」のおかげで江戸時代には、非常に多くの日本オオカミがいた。農耕馬やウシがケガで死ぬと、農民はこれを街道に放置し、日本オオカミの餌にしたので食べ物にも困らなかった。このため街道筋では、夜になると、オオカミが出没し人々に恐れられた。しかし、明治時代になると、飼いイヌに伝染病が広がり、それがイヌ科のオオカミにも広がった。オオカミは群れで行動するので病気は急速に広がり絶滅の悲劇につながったと考えられている。ただ、最近、内臓を食いちぎられた山岳遭難者が発見され、オオカミはまだ絶滅していないのではないかという噂もある。

7 なぜ、ネコにドッグフードを与え続けてはいけないか？

人間の食べ残しだったらイヌ用、ネコ用の区別はない。どちらが食べても栄養豊富でお腹いっぱいになるだろう。では、ドッグフード、キャットフードはどうか。食べ残しと同じようにどっちをどっちに与えてもいいかどうか。

ダメだ。

ネコはイヌと違って、どうしてもとらなくてはならない栄養素があり、ドッグフードにはそれが含まれてない。その1つが魚、肉、貝類に含まれているタウリンというアミノ酸である。これが欠乏するとネコは目が見えなくなる。キャットフードにはネコに必要な栄養素が入れてあるので、ドッグフードで代用すべきではない。

8 なぜ、ネコは首に鈴をつけると臆病になるか?

人間は2万ヘルツの音まで聞き分けるが、ネコは6万ヘルツまで聞こえる。われわれの3倍も音が行き交う世界に棲《す》んでいるわけだ。そんなネコの首に鈴をつけたらどうなるか。

動くたびに大きな音が聞こえるだろう。ネコはそのたびに驚く。耳のそばで大きな音がすれば落ち着かなくなるのは当然だ。ネコは人間の6倍、イヌの2倍も正確に音源の位置をとらえることができる。だから、相手がネズミなど小動物なら即座に追いかける。しかし、耳元で鈴が鳴ったのではうるさくて走り出せない。ネズミを追わない臆病ネコになるのだ。

9 なぜ、ネコはイヌと違い、いろんな毛色の子ネコを産むか？

ネコは春先に子ネコを数匹産むが、１匹１匹がそれぞれ黒、白、茶と違った毛色で生まれることが珍しくない。イヌは茶系なら茶系と子イヌの毛色は統一されている。考えられるのは、子ネコの父親がそれぞれ異なる場合だが、そうなのだろうか。

そうである。

春先に発情期を迎えるメスネコは、交尾し、オスの生殖器で刺激を受けるたびに排卵し受精する。だから、発情期間中に何匹かのオスと交尾すれば、そのたびに排卵し、違った父親の子ネコができる。父親の毛色が違えば子ネコの毛色も違ってくる。

10 なぜ、ネコは飼い主に死ぬところを見せないか？

イヌにとって飼い主は主人だが、ネコにとっては仲間である。

野性の本能を残しているネコは、仲間が弱ったり、ケガをしたりしていると、攻撃をしたり、無視したりする。だから、弱っていても、攻撃を受けないよう、そのそぶりは見せない。体調が悪化してもがんばり続け、いよいよ悪くなると飼い主（＝仲間）のもとを離れ、目につかないところに隠れて養生する。そのまま死んでしまうこともあるだろう。

死ぬところを見せないのは野性の本能のなせるわざだったのである。

11 ネズミ算で増え続けるとネズミだらけになるか？

餌は食べ放題、天敵なしという好環境でネズミを生息させると、どんどん増え続けるだろう。どんどん増えてどうなるか、それを実験した人がいる。

その人は広い倉庫を理想的な環境にして、ネズミのつがいを放った。すると、ネズミはネズミ算でどんどん増えたが、不思議なことに、ある数まで増えると次々に死んで急激に数が減り、最高時の3分の1になった。すると、また増え始め、やがて、また減り、これを繰り返したのである。結局、この範囲以上に増えることはなかった、

死んだネズミを調べると、脾臓《ひぞう》が腫れ、副腎《ふくじん》に異常があった。

結論をいうと、多数でいることのストレスが原因で死んだのである。ストレスは命を奪うこともあるのだ。恐ろしい。

人間の場合も甘く見てはいけない。

12 なぜ、スズメはハトのように人になつかないか？

神社の境内やプラットホームのハトはそばに人がいても平気だが、庭に来るスズメは人影が目に入ると一目散に逃げる。

ヨーロッパのスズメは、種類が少し違うが、手に乗って餌をついばんだりするので、すべてのスズメが人嫌いということではないらしい。

日本のスズメはなぜ人になつかないのだろうか。

それは、昔から日本人が、稲を食べる害鳥としてスズメを退治してきたからである。スズメによる稲の被害は５００万トンを超え、このため毎年２００万羽以上が駆除《くじょ》されている。スズメを愛する人が都市で少々増えても、スズメのＤＮＡは人への警戒をゆるめはしないのだ。

13 なぜ、スズメの死骸を見かけることがないか？

一般に野鳥は人目につかないところで巣をつくり、産み、育て、森や山で死ぬので死骸を見かけることはない。しかし、スズメは人家近くにたくさんいるので死骸を見かけてもおかしくはない。しかし、見かけない。なぜだろうか。

ある研究によると、スズメの分布は、立て込んでいる地域でも「7軒に1軒程度に1羽」だという。そのくらいだと、スズメの死骸がその敷地に落ちるのは9年に1回あるかないかであるという計算をした人がいる。しかも、カラスやネコがすばやく持っていくので人の目に触れることはないのである。

14 なぜ、スズメのように歩く鳥とハトのように歩く鳥がいるか？

スズメはチョンチョンと歩き、ハトは人間のように二足歩行する。カラスはチョンチョン歩きと二足歩行の両方だ。なぜ、鳥によって歩き方が違うのだろうか。

それは、スズメのようにチョンチョン歩きの鳥はもともと樹上を生活の場としているからだ。地上の虫や落ちた木の実を食べるときだけ降りるが、そのときも、枝から枝に跳びはねるように歩く。これに対し、ハトは樹木や屋根に止まっているものの、餌は地上で探す。だから、歩きまわるのに便利な二足歩行だ。ドジョウやザリガニを餌にする水辺の鳥も同じ理由から二足歩行である。最後にカラスだが、樹上と地上の二股生活なので、歩き方も二股である。

15 手品のハトは登場するまでどこに隠れているか？

神社や公園にいるハトは動きまわって元気がいい。鳴き声もうるさいくらいだ。そんなハトを手品師は鮮やかに取り出すが、それまで、どこに隠しているのだろうか。

手品に登場する白いハトは「ギンバト」といい、普通のハトより小さいにもかかわらず、羽を広げると同じくらいの大きさに見える。性格はもともとおとなしいが、さらに、騒いだり、暴れたりしないよう仕込んである。鳥は仰向けにするとおとなしくなるので、そのまま服の中に隠しておけばじっとしている。白いので、薄暗いステージに登場すると鮮やかに大きく見えるのだ。

16 フクロウはなぜ、漆黒の闇でも獲物を発見できるか?

フクロウは獲物を耳で発見する。目は人間と同じ程度しか見えないが、耳は人間よりはるかにいい。頭をレーダーのように動かし、左右に到着する音の微妙な時間差から獲物の居場所を正確にキャッチする。ネズミやヘビが枯葉の上を動くかすかな音で位置をとらえ、飛び込んで、鋭い爪で捕獲するのである。

田舎では、朝、道にヘビやネズミの残骸の落ちていることがある。電線に止まったフクロウの食事の跡である。

17 なぜ、ツバメは山や森でなく人家に巣をつくるか?

ツバメが目の前をスィーッと横切ると初夏である。

ツバメは稲につく害虫を餌にするので、昔から、益鳥《えきちょう》として大切にされてきた。そのため、人を恐れず、人家の目立つところに巣をつくる。しかし、人家の近くで生活するのは、それだけではなく、もっと切実な理由がある。

ツバメの巣はおわん型で底が浅くカラスやヘビに卵やヒナを狙われやすい。また、せっかくつくった巣をスズメに横取りされることもある。このためこれらの鳥やヘビが出没しない人家の軒先に巣をつくり自衛しているのである。

18 春に空でさえずっているヒバリは何をしているか？

ヒバリは天気のよい日にさえずっているので、「日晴れ」が「ヒバリ」に転化したといわれる。しかし、ヒバリは上天気を喜んでいるのではない。自分の巣の上空で縄張りを主張しているのである。だから、他のヒバリが侵入してくると追いかけっこの激しい争いとなる。ヒバリがさえずる高さはだいたい１００メートル、鳴いている時間は長いときで10分くらいだ。

19 人間の祖先は鳥だったかもしれない。なぜか？

カモノハシという奇妙な動物がいる。なぜ奇妙か。それは、鳥のような姿形をしているのに、哺乳類のように乳を持っているからだ。カモノハシのメスは水辺に卵を産む。卵からかえった子ども（ヒナ？）は母乳を飲んで育つ。この生態から、哺乳類が鳥から進化したことを証拠立てる「生きた化石」ではないかと考えられている。ということで、哺乳類である人間ももとは鳥だったかもしれないのである。カモノハシはオーストラリア政府によって手厚く保護されている。捕獲が禁止されているので動物園で見ることはできない。

20 キツツキはくちばしでなぜ、コンコンコンと木をたたくか？

キツツキは一年中同じ森にいて木をコンコンコンとたたいている。巣をつくる時期でなくてもたたいている。何をしているのだろうか。

木をたたくのは、巣穴をつくるためと、縄張りを主張するためと、もう1つは餌をとるためである。キツツキはアリを餌にしているが、アリは地面に巣をつくる種類より、樹木に巣穴をつくる種類の方が多い。アリの巣を見つけると、キツツキはコンコンと穴をあけ、長い舌を伸ばして一気に口に運ぶ。キツツキの胃袋を調べるとアリがぎっしり詰まっているという。

21 夕刻飛びまわるコウモリは何を餌にしているか？

夏の夕空をコウモリがパタパタ舞っている。餌を追っているのだが何を食べているのだろうか？　何を食べているかは糞《ふん》を調べればわかる。糞の大半は蚊の目玉である。そう、蚊を大量に食べ、消化できない目玉を排出しているのだ。

中国料理ではこれを珍味中の珍味とし「蚊の目玉のスープ」に仕立てている。スープになるほど大量の蚊（の目玉）を集めるのは大変だが、コウモリの糞なら簡単に手に入る。コウモリは音レーダーで小さな蚊をキャッチしているのである。

22 パンダは笹や竹しか食べないというが、本当か？

解剖報告によると、パンダの大腸も小腸もクマのものとほとんど変わらず、草食動物のように特別長くはない。クマの仲間は木の実を食べ、小動物を襲い、魚を食べと雑食である。パンダも、中国の調査によると、笹や竹、アヤメ、果物や木の実などの植物、ネズミやウサギなどの小動物、川魚などを食べるという。動物園のパンダも、ニンジン、リンゴ、卵、馬肉、牛乳、米、サトウキビ、きなこ、塩、砂糖などを餌として与えられているのである。

23 動物園のクマは冬眠しない。部屋が暖かいからか？

野生のクマが冬眠するのは冬の間は餌がなくなるからだ。そのため、冬が近づくと木の実、川魚、小動物を手当たりしだい食べ、厚い皮下脂肪をつける。実は、この皮下脂肪がついているかいないかで、冬眠するかどうかが決まる。皮下脂肪がなければ冬眠しない。冬眠中に死んでしまうからだ。動物園は餌の量が一定なので皮下脂肪がつかない。だから冬眠しない。

24 なぜ、草しか食べないのにウシやウマは大きく元気か？

草食動物の消化器官には、草を分解する菌（微生物）が何十種類もおり、その数は1立方センチメートル当たり100万個以上といわれる。この微生物が草から効率よくたんぱく質を取り出しているのだ。また、菌は自分自身で次々と増え、草食動物はその菌をたんぱく源として消化吸収するので栄養は十分足りている。

25 なぜ、放牧しているウマは2頭がいつも寄り添っているか？

放牧中のウマは、たいてい、2頭が寄り添っている。この2頭は夫婦か、それとも特別仲がいいのか。何か理由があるのだろうか？　あるのだ。よく見ると2頭は必ず互い違いに立ち、一方の尻近くにもう1頭の顔がある。しっぽを振ると相手の顔に当たる位置だ。実は、このことが肝心で、互いに、しっぽを顔に当てっこしているのである。何ゆえに？　顔の近くにやってくるハエやアブ、ブヨなどのうるさい虫を追い払っているのだ。

26 牧場のウシの胃には磁石が入れてある。なぜか？

磁石が入れてあるのを知っているのは恐らく牧場関係者だけだろう。もちろん、磁石はウシの好物ではない。

ウシは草を食べるとき、落ちている釘や鉄クズなども口に入れる習性がある。尖った釘などは消化器官を傷つけることもあるので、4つある胃の2番目に牧場関係者が磁石を入れ、飲み込んだ鉄クズが集まるようにしている。

そしてときどき、より強力な磁石を口から入れて取り出す。

27 肉しか食べないライオンは野菜不足にならないか?

栄養学者の川島四郎氏がアフリカ・ケニアに行ったときのことだ。かねて、「肉しか食べないライオンは野菜をどう補給しているのか」と疑問を持っていたので、早速サバンナに出かけライオンを詳しく観察した。「すると、疑問はたちまち解決してしまいました」と、漫画家のサトウサンペイ氏との対談で述べている。
シマウマをしとめたライオンは、まず、シマウマの肛門から食い破り腸をガツガツ食べ始めたのである。草食動物の胃や腸には消化中の草が詰まっている。ライオンは胃や腸と一緒にこの草をたっぷり食べていたのだ。その上、生肉にはたんぱく質や脂質のほか、炭水化物、ミネラル、ビタミンといった栄養素が豊富に含まれているので栄養失調になるこ

とはない。

28 ゾウとライオン、1対1で対決したらどっちが強いか？

動物園のアフリカゾウはおとなしい。餌を黙々と食べているだけで咆《ほ》えもしないし、暴れることもない。アフリカのサバンナにいるときは、家族が集まって群れ単位で生活しているが、ゆっくり移動するだけで静かな一団である。しかし、群れの子ゾウを狙ってハイエナやライオンが襲ってきたら戦う。

では、ライオンとゾウ、1対1ではどちらが強いだろうか。

ゾウが戦いで使う武器は鼻ではなく、強力なキック力を秘めた足だ。その巨大な足で蹴っ飛ばすと、ライオンといえども骨折するか、踏みつぶされてしまう。

29 首の長いキリンは貧血にならないか？

キリンの頭は地上5メートル、心臓から2・5メートルも上にある。この高さに血液を送るには血圧は相当高くなければならない。測定すると平均で260／160mmHgあった。人間は平均120／80mmHgだから倍以上の血圧で押し上げているわけだ。

問題はむしろ頭を下げたときだ。水を飲むため地上まで頭を持ってくると血が頭に下がって上の値は倍の400mmHgまで上がると計算した人もいる。こんな高血圧では脳内出血が心配になる。しかし、キリンには脳内の血液が急に増えたり減ったりするのを防ぐワンダーネットと呼ばれる毛細血管の塊があるので心配無用なのである。

30 キリンのまだら模様は敵に目立ちすぎるのではないか?

キリンは襲われたら逃げるしか助かる道はない。が、その逃げ足は時速40キロメートルくらいだから、ライオンやチータの方がずっと速い。だから、見つからないようにするのが一番の防御法だ。

動物園ではよく目立つあのまだら模様だが、敵の多いサバンナではもっとくすんでいて、遠くからだと風景にまぎれ、肉食動物には見えなくなる。しかも、長い首で周囲を見張っているので簡単には襲われない。

31 ヒトコブラクダとフタコブラクダの子は何コブラクダか？

この疑問を持ったアラブの王様がヒトコブラクダとフタコブラクダをかけ合わせてみたことがある。同じラクダだから、もちろん、子は生まれた。

結果は？

ヒトコブラクダは主にアフリカに生息する種類、フタコブラクダは中央アジアを中心に飼われている種類だ。砂漠のキャラバン隊に使われるのはフタコブラクダである。ラクダは毛に覆われているので、砂漠では暑いのではないかと思うかもしれないが、実際は逆。毛が直射日光を防ぎ、体力の消耗と水分の発散を防いでいる。さて、子ラクダのコブの数だが、1コブともう1個は半分、すなわち、1・5コブだったという。

32 ラクダのコブの中に、水があるかないか？

ラクダのコブの中には何が入っているのだろうか。水のない砂漠で元気でいられるよう水を貯えているのだろうか。

そうではない。コブの中にあるのは脂肪だけである。クヌート・シュミット＝ニールセンによると、砂漠を旅したラクダは8日間で体重が450キログラムから350キログラムに100キログラムも減った。が、水場に連れていくと大量の水を飲み、すぐ元の体重に戻ったという。3つある胃の1つにまず水を貯え、また、体全体にも貯えていたのだ。ラクダはほとんど汗をかかず、毛で直射日光を遮って、水の消費を抑えている。

33 カンガルーの袋、中の掃除をするのは母か子か？

カンガルーの子どもは、生まれたときは人間の小指の先くらいだ。毛も生えていない。それがどうやって袋の中に入るかというと、母親がなめてつくった道筋を、腹部の毛をかき分けかき分けして這い登るのである。母親がくわえて入れてやるのではない。袋の中に入ればそこは天国、中にある母親の乳首から乳を好きなだけ飲むことができる。といっても、飲んだら排泄する。子は袋の外に出ないから、そのままだと袋の中はどんどん汚れる。そのとき、自分で掃除をするのか、それとも母親がきれいにするのか。

答えは母親。母親が袋に頭を突っ込んできれいにするのである。

34 海面で寝そべっているラッコは人間を恐れている？

ラッコが海面に寝そべり、腹に乗せた石で貝殻を割る姿は、ラッコ人気に一役買っている。しかし、あれが人間を恐れているがゆえの行動であることはあまり知られていない。

ラッコは元来北洋の海岸部に棲んでいたイヌに近い哺乳動物だが、18世紀にロシア人がシベリア探検を開始し、毛皮がヨーロッパで高く売れることを知って乱獲した。それでも、その時代は、母子のラッコは保護し数が減らないようにしていたが、1867年、アラスカがアメリカに譲渡され悲劇が始まった。アメリカ人が手当たりしだいラッコを殺りくしたからである。このためラッコは人を恐れ、陸から離れ、あのように海中で生活するようになった。

第2章

耳の穴に指を突っ込むと聞こえる「ゴーッ」という音の正体は？

35 すべての人は、母胎内で最初は魚だった?

人間の受精卵は、母胎《ぼたい》内で胎芽《たいが》に成長するが、32日目のその姿は、頭が尖《とが》り、目はたれ下がり、口は真一文字で、太古の魚そっくりである。エラもついている。

まさに、羊水につかった魚類である。

それが36日目になると、エラは消え今度は爬虫類の顔となり、38日目にやっと原始哺乳類の条件がととのう。

そして、40日目に脳の前頭葉が発達し人間らしくなってくる。

36 病気や事故がなければ、人は何歳まで生きられるか?

理想的な環境で生きると、120〜130歳が人間の寿命ではないかといわれている。

年をとるとまず、酸素を血液中に取り入れる動脈血酸素能力が落ちる。100歳で25歳の60パーセント程度となり全身が酸欠状態になる。その結果、生命活動は著しく低下する。心臓が血液を押し出す力も125歳になると25歳の半分以下、脳細胞も130歳になると青年期の3分の2近くまで減る。さらに、細胞分裂も１１０歳を超えると著しく低下するのだ。

こうなると、生命力はほぼ燃え尽きたといっていい。個人差はあるが１２５歳くらいが限界といっていいのではないか。

37 休みなく動いている心臓は疲労しないのか？

心臓が停止したら死だ。だから止まってもらっては困るが、他方、休みなしで疲れないのかと気になる。が、心配は無用だ。なぜなら「休みなし」でも「休んでいる」からである。

腕や足は脳からの指令で動くが、心臓は指令なしで動く。指令なしで筋肉を収縮させ、新しい血液を全身に送り出している。筋肉が収縮するとき、心臓には力が入っている。が、血液を送り出した後は元に戻るだけだから力は抜いた状態である。すなわち、送り出すときは働き、送り出した後は休んでいる。

半分は「休んでいる」のだ。

38 血液は心臓でつくられていない。どこでつくられているか？

生命体は日々新陳代謝を繰り返している。血液も例外ではない。すなわち、昨日の血液は今日の血液にあらず、だ。では、新しい血液はどこでつくられているか。

もちろん心臓ではない。心臓はポンプの役割しかない。

血液は骨でつくられている。骨といっても、人間の成人では、頭蓋骨《ずがいこつ》、胸骨《きょうこつ》、脊椎骨《せきついこつ》、肋骨《ろっこつ》、手のつけ根の手根骨《しゅこんこつ》、足首の足根骨《そっこんこつ》などだ。ここに血管が入り込んでいて新しい血液を運び出す。毎日2000億個以上の赤血球の他、白血球もつくられている。骨はきわめて重要な役割を担っているのだ。

39 体全体の血管をつなぐとどれくらいの長さか？

人体図鑑を開くと、血管だけで網の目のように人体をかたどった図がある。爪や髪の毛、歯など血管のない部位もあるが、それ以外は、人体のすみずみまで血液は流れている。血管といっても見える箇所は限られており、実感はないだろうが、全部つなぎ合わせるとどれくらいの長さになるだろうか。

血管は内側の直径が約2・5センチの大動脈、3センチの大静脈から0・006ミリの毛細血管まであるが、これをつなぎ合わせると、なんと10万キロメートル、地球2周半の長さとなる。そこを流れる血液の重さは体重の8パーセントである。体重50キログラムの人は4キログラムだ。

40 体温計は42度までしか目盛りがない。なぜか？

暑くても寒くても、体温は36・5度前後に保たれている。これは脳の体温中枢がコントロールして一定に保っているからである。暑いときは汗をかいて体温を下げ、寒いときは筋肉を震わせ（震えて）発熱する。

しかし、病気になるとこの中枢が冒されコントロールがきかなくなる。体温が上がる。そして、39度で体は火のように熱くなり、40度を超えると昏睡状態になる。さらに上がると、人体を構成するたんぱく質がゆで卵のように固まってしまう。当然、生きていられないので、そこが体温の上限である。その温度が42度だ。

41 カイロで手を温めるだけで体全体が温かくなる。なぜか？

冬の作業は使い捨てカイロで手を温めながらというのが現代の常識。そのうち体も温かくなる。昔の人は火鉢で手をあぶるだけで寒さをしのいでいた。

なぜ、手を温めるだけで温かくなるかというと、温められた血液が体を駆け巡るからだ。人体の血管の全長は地球2周半くらいと驚くほど長いが、これを、心臓から押し出された血液はたった50秒でひと巡りしてしまう。

ただ、あまり気温が低いと体温が逃げ出すスピードも速くなり、手をあぶったくらいでは温かくならない。温かいものを食べるなどしてさらに熱を補給する必要がある。体全体を動かして筋肉に発熱させるのは誰もがやっていることである。

42 息を止めていると苦しくなるのはどうしてか？

人間に限らず、動物は酸素を貯えられない。呼吸を止めると死んでしまう。酸素を貯える構造になっていないのは、常に新鮮な酸素が必要だからである。

酸素は肺で二酸化炭素と交換され、血液によって全身に運ばれるが、最も激しく、大量に酸素を消費するのは脳である。もし、何かの事情で8分間酸素の供給がストップされると、脳は死んでしまう。だから息を止めると、体全体が警告して、苦しくなり、深呼吸して、早く回復しようとするのである。

43 オナラをがまんすると消える。どこに行くか？

ものを食べると空気も一緒に飲み込む。この空気が上に出るのがゲップ、下に出るのがオナラだが、オナラには腸で分解されたガスや血液中のガスも含まれているので臭う。で、がまんしたオナラだが、腸壁から吸収され、再び血液に溶け込んでしまう。ただ、その成分は老廃物のガスだから体にいいとはいえない。

44 耳の穴に指を突っ込むと聞こえる「ゴーッ」という音の正体は？

その音は筋肉線維《せんい》の伸縮で出る23ヘルツの低周波音である。静かにしていても、人体は肺、心臓、胃、腸などが休むことなく動いている。これらの筋肉は細い線維が寄り集まってできており、自由に伸縮する。

そのとき、主に、縮む筋肉が低周波音を出している。耳の穴に指を突っ込むと、指を伝って直接それらの音が届くのでゴーッと聞こえる。

45 ビールは大ジョッキで何杯も飲めるのに水は飲めない。なぜか?

いくらのどが渇いても水はそんなには飲めない。

が、ビヤホールでビールを飲む人はいきなり大ジョッキをおかわりしたりする。ぐいぐい飲めるのだ。

なぜだろうか?

それは、アルコールが水分とともに胃から吸収されるからである。それに対し、水は腸から吸収されるので一度にたくさん飲むと、胃にたまり、最後は嘔吐する。また、ビールには利尿作用があるのでどんどん排泄される。だから、ますます、ぐいぐい入る。といっても、アルコールもぐいぐい入るので酔う。

46 車の中で本を読むと吐き気がする。なぜか？

車やバスで本を読むと気持ち悪くなることがある。

その正体は「乗り物酔い」である。

人は耳の中の三半規管《さんはんきかん》、耳石《じせき》などで体のバランスを保っているが、これがうまく働かないと、立っていることも歩くこともできない。乗り物では、加速、揺れ、カーブなどをこれら器官で把握するが、同時に、目からの情報も飛び込んでくるので、脳は両方を一致させながらバランスを保っている。しかし本を読むと、目からの情報は文字に固定され、三半規管や耳石からの情報と食い違う。

この食い違いが脳を混乱させ、吐き気を催させるのだ。

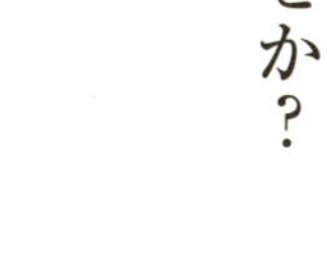

47 睾丸はなぜ体外にぶら下がっているか？

2個の睾丸《こうがん》では精子がつくられている。

子孫を残す大切な器官だ。そんな大切なものなら体の中にあった方がいいのではないか、と思える。が、そうではない。

睾丸が体内にあると温度が高すぎ、精子をつくることができないのだ。体外で、温度が2〜3度下がってはじめて元気な精子ができる。睾丸ははじめ、体内にあるが、受精して7カ月目くらいに下に降りて袋におさまる。降りない赤ん坊もいるが、1歳くらいまでには袋に下がってくるので心配はない。

48 生まれたての赤ん坊に母親の声がわかるか?

胎児の耳は5カ月目頃に完成する。

同時に脳に海馬《かいば》という記憶を司る部分ができるので、この時期から音の種類を覚え、母親の声も覚えるのではないかと考えられている。サルを使った実験でも、生まれてすぐ母ザルから引き離した赤ん坊サルを、数カ月後に他の母ザルと一緒に対面させたところ、自分の母親の鳴き声がすぐわかった。

人間も、生まれたばかりの赤ん坊に、複数の女性が同時に声をかけるとちゃんと母親の方を向くという。

49 「NO!」といえない人はボケるのが早い。なぜか？

国立精神・神経センターでかつて、健康なネズミと、精巣《せいそう》を除去し男性ホルモンを出なくしたネズミの2種類を使って、ストレス実験が行なわれた。それぞれの群れを、5週間にわたって首まで水につけ、脳にどのような影響が出るか調べたのである。結果は、健康なネズミの脳に変化はなかったが、男性ホルモンを出なくしたネズミは、記憶を司る海馬の細胞が半分以上死んでいた。

ボケである。

男性ホルモンは積極性、攻撃性の素となるもので、人間でいえば「イエス」「ノー」を司っているといってよい。だから、「NO!」といえない人は、男性ホルモンが少なく、早くボケる可能性のあることをこの実験は示唆《しさ》している、と考えられた。

50 電話で話しているとき、なぜ、メモ用紙に図を描いてしまうか？

話の内容にもよるが、だらだら長話が続いているときの図形は右脳に由来すると考えられている。大脳には右脳と左脳があり、右脳は音楽や絵画など、左脳は言葉や計算を支配している。長電話は言葉のやり取りだから、その最中は左脳がフル回転している。そこで、手持ちぶさたの右脳が図形を描いて遊んでいる、というわけだ。

51 簡単そうに見えるのに、スイカ割りはなぜ難しいか？

人は普段、三半規管、耳石などの平衡器官でバランスをとり、目からの情報と合致させてサッサッと歩く。目隠しすると平衡器官だけを使うことになるが、人体は心臓が左上、肝臓は右下と左右対称でなく、また重さも違う。さらに、目が見えないと、利き足の踏み込みが強くなるのでまっすぐ歩けなくなるのだ。

52 なぜ、野菜嫌いはがんになりやすいといわれるか？

世界の研究機関から提示されたどのデータでも、野菜をたくさん食べている人に比べ、野菜嫌いの人の尿には、ＤＮＡのクズがたくさん出ているという。ＮＨＫの「ためしてガ

ッテン」によると、尿にＤＮＡのクズが多いのはそれだけ体内に傷ついたＤＮＡが多いことを示している。健康体ならその傷は修復されるが、数が増えすぎると修復が間に合わなくなる。がんに進行するのだ。キャベツ、ニンジン、セロリ、トマトなど野菜を豊富に食べているとある程度防御できる。

53 菜食主義者は肉を食べないが栄養失調にならないか？

永平寺の修行僧の一日をテレビでやっていた。

彼らの食事は一汁一菜の粗食であるにもかかわらず、皆元気だ。動物性たんぱくのない菜食で栄養バランスはとれているのだろうか。

それは、心配無用である。

例えば、パプアニューギニアのパプア族はサツマイモ主食で動物性たんぱくをとらない。にもかかわらず、たんぱく質が分解してできる窒素を大量に排出していたという調査がある。腸内の窒素固定細菌が増え、食べ物や空気中の窒素からたんぱく質をつくり出すのである。修行僧も元気なのだから、粗食に適応した体になっていると思われる。

54 車を運転していると、人はなぜカッカしやすくなるか？

人には縄張り意識があり、心理学者によれば、そこに他人が踏み込むとカッとしやすくなる。

縄張りの大きさは人によって違うが、車に乗ると、車の大きさが「自分」とイコールになるので、そこを中心に形成される縄張りも普段より大きくなる。だから、バックミラーでしか見えない後ろの車が、車間距離を詰めただけでムカッ腹が立つ。クラクションを鳴らされると、飛び出して怒鳴りつけたくなるくらいカッカしてしまうのだ。

55 夜、車で走っていると月が追ってくる。なぜだろうか？

夜、車で走っているとき、月が追ってきたことはないだろうか。車は走り去っているのだから、月が追ってくるのはおかしい。なぜだろうか？

それは錯覚である。

月と地球の平均距離は約38万キロメートル、これくらい遠いと車でどんなに走っても、月の見える位置は変わらない。同じところに見えているハズである。ところが、地上の景色は車のスピードでどんどん後ろに行く。そのため、われわれは、月も景色と同じように、後ろに行くべきと思ってしまう。が、実際は、前述のように、月はいつも同じところにいる。そこで、われわれは勝手に、「月は追いかけてきているから同じところにいる」と思う。そう思った瞬間、本当に「月が追いかけてきて」いるように見えるのだ。だから錯覚である。

56

階段でタンスを運び上げるとき、上と下ではどちらが重いか？

引越しで、重い家具を2階に上げるのはつらい。では、運び上げるとき、上と下ではどちらが重いだろうか。上は「自分が重い」と思い、下は「重さは下にかかる」と、どちらも自分の負担が大きいと思うだろうが、事実はどうか。

力学的には、平らなところでも階段のような斜めのところでも、2人にかかる重さは同じ。実際に計測すればわかる。

57 録音した声が自分の声じゃないようなのは、なぜか?

誰かと一緒に「たくあん」を食べてみよう。他人が噛《か》むとポリポリいい音がする。が、自分の音はバリバリ濁って聞こえる。なぜか?

それは、他人の音は耳から鼓膜に伝わるのに対し、自分の音は口の中で頭蓋骨に響き聴神経に伝わるからだ。声も同じで、自分の声は低く聞こえる。が、他人には録音したのと同じ少し高い声が聞こえている。

58 海水は飲み水にはならないが、がまんすれば飲めるか?

海水の脱塩化技術が進み、得られた淡水を飲めるようになってきている。わざわざ淡水化するということは、海水は、そのままでは飲めないということだが、なぜ飲めないのか? がまんしても飲めないのか?

人間は生きていくために1日約3リットルの水を飲む。これを海水にすると、3リットル中に約100グラムの塩分が含まれている。これでは塩分のとりすぎとなって、体が機能しなくなる。機能させるには真水が必要となり、海水を飲む意味がなくなる。

59 子どもはじっとしていられない。なぜ動きまわるか？

小学校に上がるまでの子どもはチョロチョロ動きまわる。多動障害《たどうしょうがい》ではないかと思えるくらいだが、実は、動きまわるのが普通。じっとしている方が心配なのだ。子どもは、心臓や血管の働きが完成されていないので、心臓から押し出すだけでは血液が体のすみずみまで行きわたらない。動きまわって筋肉を伸縮させ、血管に圧迫を与えることによって血液の流れをよくする必要がある。

特に下半身は、心臓から遠く低い位置なので血液が停留しやすい。だから動きまわって血流をよくしているのである。体が求めているのだから何の心配もない。

60 なぜ、女優の写真は左顔が多いか？

近くにいる人の顔を観察してみよう。

右顔と左顔（向かって右）のどちらが「感じのいい顔」だろうか。たぶん、無表情な右顔に対し、左顔は柔らかく、表情豊かに思えるだろう。そのためだろうか、プロカメラマンの撮ったタレントの写真は圧倒的に左顔が多い。

なぜか？

大脳には右脳と左脳があり、右脳が左半身、左脳が右半身を支配し、また右脳が絵画や音楽、左脳は計算や仕事と関係が深いことはよく知られている。このため、右脳が支配する左顔は表情豊か、左脳が支配する右顔は厳しい表情になると考えられている。

61 なぜ、日陰にいても日焼けするか？

日焼けして黒くなるのは、紫外線に当たった皮膚が防御のためメラニン色素をつくり出すからである。

強い紫外線に当たると、色素細胞の遺伝子が傷つき、メラニン色素をつくる。つくりすぎるとシミになる。紫外線は目に見えない非常に波長が短い光だから散乱しやすく、帽子やパラソルはもちろん、日陰にいても飛び込んでくる。

62 冷房のきいた部屋では白い服と黒い服、どちらが涼しいか？

冬服に黒系統が多いのは太陽光を吸収して温かいからだ。学生服で日向ぼっこをするとポカポカと気持ちよかったのを思い出す。しかし、日没後の帰宅時間には、学生服は冷え冷えとして寒かったのではないか。

黒は熱をよく吸収するが、また、熱をよく放出する色でもある。寒い日に屋外に白と黒の紙を出しておくと黒に先に露がつく。熱放出効率がいいからである。だから、夏の冷房のきいた部屋では、黒い服の方が体の熱を放出するので涼しい。

63 泳ぐとなぜ、足が引きつることがあるか？

冷たい水に入って筋肉が収縮したから引きつるのではない。

引きつる主な原因は息つぎである。普段はバランスよく呼吸しているわれわれも、泳ぐときは息つぎに失敗し、空気をたくさん吸いすぎることがある。すると、血中の二酸化炭素濃度が急に減少し、筋肉内のバランスが崩れる。そのとき、足が引きつるのである。

64 子どもはなぜ、甘いお菓子が好きか?

今は苦いビールを「うまい!」といって飲んでいる大人も、子どもの頃は甘いお菓子が好きだったハズだ。逆に、子ども時代には、親の飲んでいるビールを、こんな苦いものを飲んでどこがおいしいのだろうと思ったハズだ。

大人と子どもの味覚は違うのである。子どもの味覚神経は、舌だけでなく、上あご、頬の内側、のどと口の中全体に張り巡らされているので、口当たりのいい、刺激の少ないものを好む。大人は感覚が鈍化してきているので、刺激の強いものもおいしいと感じる。

65 高いところで一歩も動けなくなることがある。なぜか?

高所恐怖症でなくても、高層ビルの展望台から見下ろすと足がすくむ。ならば、もっと高い飛行機はどうか。足はすくまない。平気である。

なぜだろうか?

われわれは目や耳からの情報をもとに平衡感覚を保っている。だから、建物の2階、3

階といった少々高いところに行っても、調整がきく範囲なら何ともない。しかし、普段経験しない高いところに行くと、目からの情報が平衡感覚を混乱させてしまう。すると体に防御機能が働き足がすくむのだ。飛行機の中では、目に入るのは主に機内の光景、窓の外はただの風景だから平気である。体は座席に落ち着いているので安心だ。

66 緊張するとなぜ、トイレに行きたくなるか？

体には思い通りにできることと、できないことがある。歩く、食べるなどはできるが、呼吸や心臓の鼓動は思い通りにならない。できない機能は自律神経が支配しているが、これには交感神経と副交感神経の２つがある。

交感神経は、運動をしたときなどに呼吸や鼓動を速くさせるよう働き、副交感神経は休んでいるときでも内臓が活発に動くよう働く。交感神経と副交感神経は、一方が働いているとき他方は休んでいるという関係にあるが、緊張するとこの分担が混乱し、心臓がドキドキしているのに、内臓も活発に働くということが起こる。そして、活発に働いて利尿作用が起こり、トイレに行きたくなる。

67 コタツで寝るとカゼを引きやすい。なぜか？

コタツでうたた寝をしているとカゼを引きやすい。温かいのになぜだろうと思うかも知れないが、温かいからカゼを引くのである。

なぜなら、足が温められると、温かい血液が全身を巡り、脳はその情報をキャッチする。すると、体温が上がりすぎないよう、自律神経に、体温を下げる指令を出す。しかし、腰から上は寒いのがコタツだから、何もかけないでうたた寝すると、体温が放出され、カゼを引きやすい状態のまま長時間過ごすことになる。体調が狂うと病原菌に負けカゼを引く。

68 うまそうなものを見ると、なぜ腹がグウと鳴るか？

腹ペコのとき腹がグーッと鳴る。

これは胃が蠕動《ぜんどう》運動を始め、中の空気が押し出される音だ。では、空腹でないのに、うまそうなものを見たり、匂いがしたりすると胃が鳴るのはなぜか。

強いストレスを受けると胃が痛くなる。これは胃が感情の影響を受けやすい器官だからだが、その理由は、脳の中で、感情を支配する中枢と胃を支配する中枢が隣り合っているからである。

だから空腹を感じたり、うまそうなものを見たり、うまそうな匂いを嗅いだりすると感情が刺激され、胃の蠕動運動が始まる。中の空気が押し出されグーッと鳴る。

69 病気になると食欲がなくなる。なぜか？

カゼを引くとのどが痛くなる。このように、病気になると体のあちこちで炎症が起こる。炎症はマクロファージという細胞が病原菌を攻撃した結果だが、そのとき細胞からインターロイキンという物質が出る。

この物質はリンパ球に働きかけ、体の免疫効果を高めるのだが、同時に食欲を抑制する働きもある。

このように、食欲がなくなるのは、免疫の副作用だから、病気のときは食欲がなくても無理して食べた方が早く回復する。

70 薄着をするとなぜ、カゼを引きやすくなるか?

カゼを引くのは病原菌に感染するからである。寒いから引くのではない。では、なぜ薄着をすると引きやすいかというと、寒さで自律神経が一時的に狂ってしまい、体と病原菌のバランスが崩れるからである。病原菌は大気中にウヨウヨいるので体調が狂うと感染しやすくなる。だから、いつも寒いところで生活している人は体が慣れているので、寒さによって自律神経がおかしくなることはない。カゼも引かない。

71 寝る前に塩を少しなめるとなぜ、おねしょに効くか?

ある年齢になればおねしょはなくなる。だから親は気にしなくていいが、本人が恥ずかしがったり、悩んだりするのなら、親としては気がかりだ。そんなとき、寝る前にちょっと塩をなめる方法をおすすめしたい。簡単な上かなり効果がある。

体内の余分な水分と老廃物を排泄するのが尿である。だから、余分な水分がコントロールできれば尿は減る。おねしょも出ない。塩をなめると体の塩分濃度が上がり、体液の浸《しん》透圧《とうあつ》が高くなって、体は水を求める状態となる。求めるのだから、おねしょは出なくなる。ただし塩の量が多いと、のどが渇いて水を飲んで逆効果となる。ちょこっとがいい。

72 逆立ちをした状態で飲み食いができるか？

口から胃につながる食道はただのチューブではない。中は粘膜に覆われ、縦に通っている筋肉と輪のようになった横の筋肉が交互に収縮し、食べ物を奥へ奥へと運ぶ。そして、食べ物が胃に入ると、入り口の噴門《ふんもん》がすぐ閉まるので逆流しない。

73 爪はなぜ、次から次へと生えてくるのか？

人によって差はあるが、爪は、１日に０・１ミリくらい伸びる。伸びるのは下から新しい爪が生えてくるからである。根元の皮膚に隠れた部分に爪母基《そうぼき》があり、ここで新しい爪の細胞がつくられている。爪は指を保護しているが、割れたり傷んだりしやすいので、どんどん新しく生え変わる必要がある。爪の下には毛細血管が集中しており、体の健康に影響を受けやすい。健康な爪は淡いピンクでツヤがある。爪を押すと白くなるが、心臓が健康なら離すとすぐ元に戻る。貧血気味だと赤味が濁り、慢性腎臓病だと白くなる。

74 指紋はなぜ消すことができないか?

同じ指紋は800億人に1人いるかいないか。2000年に1度くらいの確率で可能性はあるが、いま現在、あなたと同じ指紋はありえない。あったら奇蹟だ。このため指紋は犯罪の証拠となる。ドラマでは指紋を薬品で処理し、削ったり、焼いたりする犯人が登場するが、一時的に消えても、皮膚の最奥の真皮層からまた生まれてくる。指紋はものをつかみやすくすると同時に、触感を伝える神経が集中していてどうしても必要なものだから、消えたり、消したりできないようになっている。

75 ひげは寒いと伸びるか、温かいと伸びるか?

ひげが生えていれば、顔が温かいから、寒い方がよく伸びると思えるがそうではない。

濃い薄いに関係なく、ひげは気温の高い方がよく伸びる。

濃い人は濃いなりに、薄い人は薄いなりによく伸びる。

また、栄養状態のいい人より、少食で栄養が足りない方がよく伸びる。実際、栄養状態がよく、太っている人で、ひげをたくわえている人は少ない。また運動しないで部屋に閉じこもっているとひげに栄養分がまわり伸びる。

76 夜、爪を切ってはいけないのはどうしてか？

伸びた爪を朝切ろうが夜切ろうが、体に何か悪影響が出るわけではない。

昔は、照明が暗かったので、爪をパチンと切るとどこに飛んだかわからなくなった。親からもらった大切な体の一部が行方不明になるのはよくないというので、夜、爪を切るなといった。また、行方不明になった爪が他人の足に刺さることもあるので夜切るな、という実用的な配慮もあったのであろう。

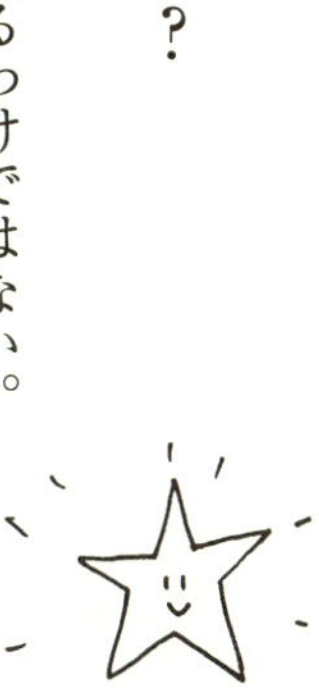

77 目ヤニは涙の仲間か、なぜネバネバしているか？

目を保護するために、目にはいつも涙が分泌されている。涙はただの液体ではなく、外側から油層、涙液層《るいえきそう》、ムチン層の3層になっている。油層は涙が蒸発しないよう表面をすっぽり覆い、涙液層は酸素や栄養分を含んだ涙の本体、ムチン層は涙を角膜に密着させる粘液のたんぱく質である。

ムチンには抗菌作用もあり目の保護に欠かせない。

目ヤニはこのムチンが寝ている間にたくさんつくられすぎ、はみ出したものである。だからネバネバしている。

78 歩きながらあくびをする人はあまりいない。なぜか？

電車で立っているときは平気だが、座ったとたんあくびが出ることがある。立っているときは足を使っているので、その刺激で脳が覚醒している。だから歩きながらあくびをする人はいない。

しかし、座ると刺激が消え、脳の働きが鈍くなる。そこで脳は、あくびで口の筋肉を使わせ、深呼吸で胸の筋肉を使わせ、それらの刺激を脳に送り込んで眠くならないようにしている。

眠くなったからではなく、眠気を覚ますためにあくびは出る。

79 眠くなるとなぜ目をこするか？

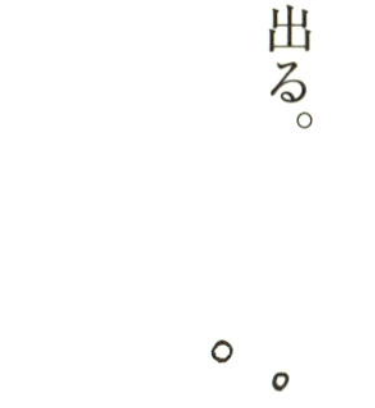

起きている間は脳から体のすみずみに命令が出されているが、脳が眠ろうとすると命令が出されなくなる。居眠りするとテーブルに頭をぶつけたりするのはそのためだ。

起きているときは、目が乾燥しないよう、脳からの命令で絶えず涙が出ているが、眠くなると涙腺の活動が低下する。涙の量が減れば、目は乾燥する。そこで、眠気を覚まそうとする人は目をこすり、涙の分泌を促す。

そのまま眠ってしまう人は何もしない。

80 「ニキビは数えると増える」といわれる。なぜか？

ニキビは男性ホルモンと女性ホルモンのバランスが崩れたときに出やすいので、思春期の中高生に多いが、最近は、下は小学生、上は45歳くらいまで広がってきている。

ニキビは、男性ホルモンによって、皮膚に脂を分泌する皮脂腺の働きが活発になってできるが、もう1つ、ストレスの作用も見逃せない。「数えると増える」のは、気にしすぎてストレスが強くなり、そのコンプレックスが引き金となるからである。

81 厚いステーキも溶かす胃液が、胃を溶かさない理由とは？

胃液の成分は主に塩酸と消化酵素。食事のたびに500ミリリットルも出るが、不思議なのは、胃液が胃自身を消化しないことである。そのわけは、胃壁から防御用の濃いネバネバ粘液が出ているからである。この濃い粘液のおかげで胃壁は消化液から守られ、ネバネバで魚の骨のような固いものに傷つけられるのも防いでいる。ただ、強いストレスや飲みすぎで粘液細胞が壊れると、胃液は胃自身を消化することもある。それが胃潰瘍《いかいよう》だ。

82 小指を曲げると薬指も一緒に曲がる。なぜか？

大脳から出された「小指を曲げよ」という命令は、脊椎の中の神経を経由して小指の筋肉に伝えられるが、普通の人は、脊椎の中で小指に命令を伝える神経と薬指に命令を伝える神経がうまく独立していない。小指をほとんど使わないからだ。ピアニストのように毎日使っている人は神経がちゃんと独立し、1本ずつ曲げることができる。

83 気温30度は暑いのに、お風呂の30度は寒い。なぜか？

この違いは、肌の周りを空気が包んでいるか、水が包んでいるかの違いである。空気は熱を伝える能力が低いので体温をそのまま温かく包む。だから、せんべい布団よりふわっとした布団の方が数倍温かいし、木綿より毛織物の方が温かい。

他方、水は、熱を伝える能力が空気の20倍以上もあるので、30度のぬるい湯に入ると体温がどんどん奪われ、寒く感じる。

気温30度でも、うちわで暖かい空気を動かしてやると涼しくなる。

84 カキ氷を一気に食べると頭がキーンと痛くなることがある。なぜか？

どうして、腹でなく頭が痛くなるのか。手の平に氷を乗せていると、はじめは冷たいだけだが、そのうち痛くなり、痛みが手全体に広がり、さらにがまんしていると頭も痛くなる。カキ氷も、のどの奥から食道、胃が急激に冷やされ痛みに変わる。神経は脊髄を通って脳につながっているので、その痛みが頭に伝わるのである。

85 急に走ると左のヨコ腹が痛くなる。どうしてか？

ヨコ腹が痛くなるのは急な運動で脾臓《ひぞう》が腫《は》れるからである。

脾臓は心臓や肝臓のようにポピュラーな臓器ではないが、主な役割は2つある。1つは古くなった赤血球を破壊処理する機能、もう1つは血液の量を調節する機能である。走ると血流が速くなり、脾臓の負担が増えるので、人によっては一時的に腫れて痛みを感じるのだ。脾臓は左わき腹にあるので左のヨコ腹が痛くなる。

86 突き指は引っ張ってはいけない。なぜか？

突き指は指の捻挫《ねんざ》だから、足の捻挫と同じ。関節を固定している靭帯《じんたい》がねじれて傷ついている可能性がある。そんな靭帯を引っ張ってさらに力を加えれば悪化することもある。突き指がくせになるかもしれない。だから、傷めたときは冷やし、包帯を巻いて固定し、静かにして炎症がおさまるのを待つべきである。

87 コンピュータで仕事をすると肩がこる。なぜか？

肩こりの原因は、肩の血の巡りが悪くなり、筋肉の新陳代謝がスムーズに行なわれないからである。コンピュータ関係の仕事は同じ姿勢をとり続けて我を忘れるのでうっ血しやすい。子どもに肩こりがないのは、動きまわって筋肉が伸縮し、血管が圧迫され、血流がいいからだ。同じ姿勢だと古い血液がよどみ、筋肉に十分な栄養補給ができない。年をとると肩がこるのも新陳代謝能力の落ちることが原因である。肩こりには、体をよく動かすのが一番いい。

88 乳歯はなぜ永久歯として生えてこないか？

乳歯が永久歯に生え変わるのは、子どものあごがある程度でき上がってからである。あごが小さく、未完成の段階で永久歯が生えるといびつな状態になってしまう。といっても、あごが完成する前にも歯は必要だから、乳歯で代用しているわけだ。乳歯はどうせ抜けてしまうからとおろそかにしていると、虫歯になって抜け、永久歯の歯並びがおかしくなることもある。親は気をつけてやらなくてはいけない。

89 酢を飲むと体が柔らかくなる、は本当か？

ウソだ。昔は、サーカスの曲芸師やバレリーナのような柔らかい体になりたいのだったら「酢を飲めばいい」といわれたが、恐らく、酢漬けの魚の骨が柔らかくなることからの連想だろう。酢には、体を柔らかくする効果はない。食欲を増進させ、食物が腐敗するのを防ぐ効き目はあるが、体内では水と二酸化炭素に分解されるだけである。体を柔らかくするには、関節を柔らかくする体操をすべきである。

90 急に水に飛び込むと心臓マヒを起こす。なぜか？

泳ぐ前には必ず準備運動をしなくてはならない。急に飛び込むと心臓マヒになることがあるからだ。ところで、心臓マヒは水の冷たさに心臓と血管がキュンと縮んで起こると思っていないだろうか。しかし、それは誤解である。

暗がりで「わっ」と驚かされると副腎からアドレナリンが血液の中に分泌される。10秒程度でアドレナリンが全身に行きわたると心臓が早く打ち始める。同様に、全身が冷たくなったときも副腎はアドレナリンを出す。このとき、心臓が弱っていたり、疲れていたりすると負担が急増し心筋梗塞が起こる。心臓マヒだ。血管と心臓が冷たさに縮むのではなく、アドレナリンが出て心臓が急にドキドキして起こるのである。

91 ケガで出血したときは、冷やすべきか温めるべきか？

軽い切り傷程度だと水道水や冷たいタオルで冷やしていないだろうか。小さなケガならそれでもかまわないが、深く切って出血が止まらないときは温めるべきである。

血が出るとそのうち血が固まるが、それは血小板が酸素に触れて互いにくっつくからである。このとき温かいと血小板はより活発に動き早く固まる。出血が止まる。また、血液にはたんぱく質も含まれているので、卵（たんぱく質）をゆでると固まるように、温度が高い方が早く固まる。

92 高層ビルのエレベータでは耳がキーンとなる。なぜか？

地上は厚い大気の層の底なので気圧が高い。が、上に行けば低くなる。行けば行くほど低くなる。高速エレベータで急に高いところに行くと、耳の内部の気圧は急には変わらないので外と格差ができ、鼓膜が気圧の低い外側に引っ張られる。そのとき、あのキーンという音が聞こえるのである。

降りるときも外の気圧に押されて鼓膜が内側に引っ張られるのでキーンという音が聞こえる。鼓膜の奥は耳管で鼻とつながっているので、つばを飲み込むと耳管が広がり気圧を調整できる。音は消える。

93 蚊に刺されやすい人と刺されにくい人がいる。なぜか？

蚊は人間の体から立ちのぼる水蒸気や二酸化炭素をセンサーでキャッチするので、汗っかきや酒飲みの周りに集まりやすい。また、口や肌から出る炭酸ガスや乳酸にも敏感だ。そして、あるところまで近づくと、次は温度をキャッチするので、体温の低い老人より体温の高い赤ん坊や子どもの方が被害にあいやすい。

94 冷たいものを食べすぎるとお腹が痛くなる。なぜか？

人の体温は36・5度くらいだが、体の働きを助けるさまざまな酵素もこの温度のとき一番よく働く。

食べたものは胃ですりつぶされ、すい臓や胆のうから出る酵素で消化され、小腸で吸収されるが、お腹が冷えると酵素の働きが鈍くなり、消化が進まない。消化吸収が進まないからゴロゴロし痛くなる。温めると痛みは消える。

第3章

セミは逃げるとき どうしてオシッコをするか？

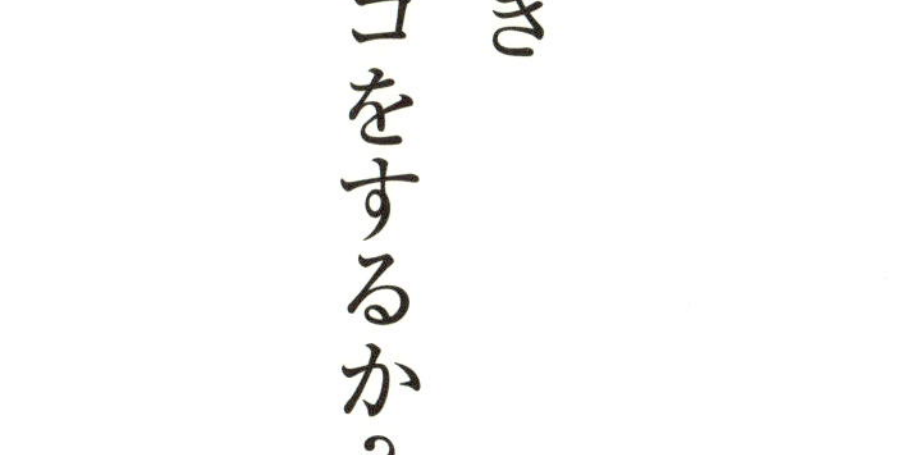

95 トンボは餌を捕まえるとき、大きな口は使わない？

トンボが止まって虫を食べているところを見かけることはあっても、虫を捕まえるところは見たことがないだろう。その姿形から、飛んでいる小昆虫を大きな口で捕まえるところを想像するが、そうではない。

毛むくじゃらの足を虫かごのようにして捕獲するのである。そして、木の枝などに運び、落ち着いたところで食べる。

96 シオカラトンボはムギワラトンボである。なぜか？

夏、目の前をシオカラトンボが横切り、小石の上にはムギワラトンボが止まっている。トンボの語源は、「飛ぶ棒」といわれていたものがトンボウとなりトンボに音転化したという説と「飛ぶ穂」がトンボになったという説がある。

ところで塩が乾いたようなグレーのシオカラトンボだが、生まれたときはムギワラトンボだったことはあまり知られていない。主に、オスのムギワラがホルモンの作用でシオカラになるのだ。だったらムギワラはメスばかりかというと、ムギワラのままオスになるものもいる。また、シオカラもオスばかりではなく、メスのムギワラが変身することもある。話がゴチャゴチャしたが、要するにシオカラは生まれたときはムギワラだったということだ。

97 セミの幼虫は早朝に脱皮するのではない。いつ脱皮するか？

地中から出てきたセミの幼虫が脱皮し成虫として飛べるようになるには10時間かかる。その間は身動きできない。もし、天敵の小鳥に見つかったら食べられてしまう。

その危険を避けるため、セミの幼虫は、本能の命ずるところにしたがって、小鳥が活動しなくなる夕刻に土中の穴を出、夜の間にゆっくり成虫になる。小鳥が活動を始める早朝には、木の枝の間に隠れたり、襲われても飛んで逃げられるようになっている。

キャンプなどで早朝に見かける羽の柔らかいセミは、夜の間に脱皮を無事完了したセミである。早朝に脱皮するのではない。

98 セミは逃げるときどうしてオシッコをするか?

セミを捕まえようと、捕虫網を構えたとたん、ビッと鳴いて逃げるセミのオシッコを顔に浴びたことがあるだろう。まともに目に入ることもある。セミは木の汁を吸って生きているが、栄養補給のためにかなりの量の汁を吸わなくてはならない。このためオシッコもたくさん出す。

セミの天敵は昆虫を餌にしている小鳥だ。襲われそうになったらすぐ逃げなくてはならないが、しつこく追いかける小鳥もいる。逃げおおせるには体が軽くなくてはならない。だから、オシッコをして逃げるのだ。

99 クワガタはひと夏だけの寿命ではなかった?

夏が終わりに近づくとセミの死骸が目につく。セミだけではない、カマキリ、バッタ、カナブン、カブトムシなど、元気のよかった昆虫はみんな死んでしまう。が、なぜかクワガタの死骸は目につかない。

四季のある日本では、高温の夏に元気だった昆虫は、厳しい寒さの冬は卵でやり過ごすか、幼虫として土中深く潜ってしのぐ。そんな中でクワガタの仲間は、樹木や枯木の奥に潜り込み、成虫のまま2～3年を生き延びる。だから、夏が終わっても死骸をあまり見かけないのだ。人気のオオクワガタは6年生きた記録があるという。

100 ホタルを何匹集めると新聞が読めるか？

中国の晋《しん》の時代に車胤《しゃいん》という勉強家がいた。家が貧乏だったので明かりを灯す油が買えなかった。そこでホタルを数十匹集めて袋に入れ、その明かりで本を読んだ。また同じ時代に、孫康《そんこう》という人も家が貧しく、冬は窓の雪に反射する月明かりで勉強した。この2つのエピソードにもとづく故事が「蛍雪《けいせつ》の功《こう》」である。

では、ホタル数十匹で本当に、勉強ができる明るさになるかだが、実際に調べたところ、書物が読める明るさにするには左右にそれぞれ１０００匹必要ということだった。数十匹では暗くて読めない。

101 「菜の葉にあいたら」「桜に止まる」チョウはいない？

「ちょうちょう　ちょうちょう　菜の葉に止まれ、菜の葉にあいたら　桜に止まれ」の歌はチョウの研究家によると間違っているという。なぜなら、スミレを訪れたチョウは次もスミレ、菜の花を訪れたチョウは次も菜の花と、同じ花を訪れるからである。これは植物の受粉がうまくいくための自然の摂理である。

だから「ちょうちょう　ちょうちょう　菜の葉に止まれ、菜の葉にあいたら　桜に」止まるチョウは原則いない。いても例外である。

102 アリの巣は雨が降ったらどうなるか？

雨が降って巣のトンネルに水が入るのだったら、雨が降るたび大洪水となって巣をつくり直さなくてはならないが、当然、そんな非効率なことにはならないようにしている。観察すればわかるが、アリの巣があるのは縁の下、軒下、敷石の下、屋外では盛り土になっている斜面などで、少々の雨では影響を受けないところばかりだ。われわれにとっては小雨でも、アリには大洪水だから、巣は慎重な上にも慎重につくられている。

103 アリを高層ビルから落とすと転落死するか？

人間とアリでは大きさの他に体の構造に大きな違いがある。人体は内部に硬い骨があるのに対しアリは外部構造が硬く、内部の柔らかい器官を守っている。この小さいアリが、高層ビルから落ちると、空気の抵抗を受けゆっくり落下し地面にたたきつけられることはない。落ちても硬い外部組織が内部を守るのですぐ元気に動きまわることができる。

104 初夏に街灯の下でうじゃうじゃ這っている羽アリの正体は？

梅雨の晴れ間の夕刻、街灯の周りで羽アリがうじゃうじゃ這っていることがある。もう夜になろうとしているのに集まっている。

その正体は何か？

アリの社会は卵を産む１匹の女王アリとたくさんのオスアリ、非常にたくさんのハタラキアリで構成されている。女王アリとオスアリには羽がある。女王アリは産卵の時期が近づくとオスアリと交尾するが、多数の中からただ1匹を選ばなくてはならない。そこで、ある日、空高く飛び立つのである。

その後を、多数のオスアリたちが追いかける。しかし、頑強な女王を追うのは一苦労だ。そして追いついた1匹だけが交尾に成功する。その他はすべてお払い箱である。そのあわれなオスアリが街灯の下でうじゃうじゃ這っている羽アリたちである。

105 ミツバチの巣から女王バチを除くとどうなるか?

女王バチを中心としたミツバチの集団は、それ自体が1つの生物のようなものといわれるくらい組織的に機能しているが、もし、そんなミツバチの巣から女王バチを取り除くとどうなるか。

実験をした人がいる。

集団は大混乱すると予想されたが、事実は逆だった。すぐ、ハタラキバチが1匹の幼虫を選んで、せっせとローヤルゼリーを食べさせ始めたのである。ハタラキバチはもともとメスなので、幼虫のときローヤルゼリーを食べさせると無条件に女王バチになるのだ。女王バチがいるときは食べさせないので、巣にはいつも１匹の女王バチしかいない。

106 女王バチも年をとる。その運命やいかに？

ミツバチの集団で女王バチの地位はゆるぎない。が、女王バチも年をとる。産卵できなくなる。そのときは、どうしているか？

前項で書いたが、ハタラキバチは幼虫にローヤルゼリーを与え、いつでも女王バチをつくることができる。

女王バチが役立たずになったら、すぐ、次の女王バチをつくる。新しい女王は古い女王を力ずくで追い出してしまうのである。

107 ミツバチは自分の巣箱がなぜわかるか？

ハタラキバチは蜜を集めるため、巣箱から１キロメートル以上遠くまで行き、毎日、何

回も往復する。巣に帰るときは、複眼を使って太陽の位置を確認しながら方向を定めていることがわかっている。さて、巣の近くに戻ると同じような巣箱がたくさん並んでいるが、どうやって自分の巣を見つけるのだろうか。

これについては、巣箱の並べ方を変えたり、巣箱に色を塗ったり、さまざまな実験で確かめられている。

それによると、ミツバチは巣箱の周りの様子を何となく記憶しているようなのである。だから、周りの様子を模様替えすると巣に帰れなくなる。

108 梅雨どきにミツバチの巣箱で大量殺りく。なぜか?

梅雨どき、雨が何日も続くとミツバチの巣箱の入り口にハタラキバチの死骸が山のように積まれることがある。

見ていると巣箱の中からハタラキバチが仲間の死骸をせっせと運び出している。しかし、箱の中では何も音がしない。何が起こっているのだろうか。

2段重ねの巣箱でミツバチが増えると最大5万匹くらいになるといわれる。雨が降り続くと、花に雨水がたまり、蜜を集められないので、ストックがあったとしても２〜３日しかもたない。

そこで口減らしのため静かなる大量殺りくが行なわれるのだが、それが女王の命令によるものか、それとも、あらかじめ死の順番が決まっているのか、などはわかっていない。

109 ミツバチは女王の命令で六角形の巣穴をつくっている？

ミツバチの巣箱のフタを開けると、六角形の巣穴が整然と並んでいる。ミツバチは機嫌のいいときと悪いときがあり、いいときには巣箱に近寄っても何もしないが、よくないときは巣から離れても、つきまとい顔の周りをうるさく飛びまわる。これはたいてい梅雨どきなので、この時期は巣箱に近づかない方がいい。

さて、ミツバチの巣穴が六角形なのは、狭い空間にピッタリと密着して効率的だからだ。円はつくりやすいが、隙間ができる。

ただ不思議なことに、女王バチを取り除くとハタラキバチは丸い巣穴をつくる。このことから、女王が六角形の指令を出していると考えられている。

110 夕焼け小焼けの「アカトンボ」はいない。なぜか？

アカトンボは、シオカラトンボ、イトトンボ、オニヤンマといったトンボの種類を指す名称ではない。

ナツアカネ、アキアカネ、ノシメトンボといった、「秋に赤くなるトンボ」の総称である。都会でよく見かけるのはアキアカネ。このトンボは夏の間は山で生活し、秋になると産卵のため平地に降りてくる。

そのときは、鮮やかな赤いトンボになっている。

111 夏の夕刻に見かける蚊柱はオスの群れ。メスはどこに？

夏の夕刻、木陰や軒下でワンワン群れ飛んでいる蚊柱を見かけることがある。蚊柱の蚊はオスばかりだが、群れて何をしているのだろうか。

メスを待っているのである。

蚊は触角の表面の毛で音（空気の振動）をとらえるが、メスは自分の仲間のオスが群れて発する一定の波長の羽音をキャッチする。すなわち、メスに羽音を聞かせるため、オスは群れて大きな音を出す必要があったのだ。オスの群れの羽音を聞きつけたメスは蚊柱に飛び込み、一瞬、その中の1匹と交尾する。交尾を終えたメスは、受精卵を成熟させるため、動物の血を吸うべくわれわれを狙って飛来する。

112 天井に止まっているハエはなぜ落下しないか？

引力は地球上すべてのものに作用している。天井のハエも例外ではない。にもかかわらず、ハエは落ちてこない。なぜか？

それはハエの足先に毛の生えたじょく盤というものがあり、その先っぽから粘液が分泌され、この粘液にハエの体重を支えるだけの粘着力があるからである。

じょく盤の毛はまた、味覚と嗅覚の感覚器官でもあるので、ハエは「手をすり足をすって」いつも磨きたてている。止まるだけで、それが食べられるものかどうかわかる。だから、食事中飛びまわって五月蝿《うるさ》いのだ。

113 ミノムシのメスはミノから一生出ない。なぜか？

小枝にぶら下がっているミノムシはミノガの幼虫である。ミノの中は柔らかい糸で包まれ、雨風も入らず、湿気もほどよく調節され、また、外観は枯葉としか見えないので小鳥に襲われる心配もない。こんな居心地のいいところなので、メスは成虫になっても幼虫時代とあまり姿を変えず外に出てこない。

となると、子孫をどうやってつくっているかだが、オスが成虫になるとミノガとなって野外に飛び出し、メスの入っているミノを探し出す。見つけると胴体をミノの中に差し込んでメスと交尾する。メスはそのままミノの中に卵を産みつけるのである。

114 ミノムシのミノは最初から枯葉だったのではない？

ミノムシのメスはミノの中に卵を産みつけて死んでしまう。やがて、春になると、卵からは幼虫が生まれる。

幼虫はミノから抜け出し、糸を出す。その糸が枝に絡まると、ぶら下がって、空中を移動し別の枝に移る。そこで葉を食べ、食べながら適当な大きさに切った残りを体に巻きつけて自分のミノをつくる。

幼虫は何回か脱皮し、そのたびに新しいミノをつくるが、最後の脱皮が終わるとミノをつけたまま枝にぶら下がる。そのときの木の葉はまだ緑なのでミノも緑だが、時間の経過とともに枯葉色に変わる。

115 シロアリはアリではない。その正体は何か？

シロアリは木造住宅の大敵、巣食われるとちょっとした地震で家屋倒壊ということにもなりかねない。このシロアリ、名前はアリだが、実は、ゴキブリの仲間。そうと聞くとますます憎たらしくなったのではないか。

ゴキブリは数億年前に発生したが、3億年前にその中から森の朽ち木を食べる種類があらわれ、樹木や枯木の中で一生を過ごすシロアリに分化した。樹木や枯木の狭い空間にたくさんのシロアリが生活するので、アリのような共同社会ができた。1対の女王と王が何万個もの卵を産み、育て、森の朽ち木を分解して生活している。

116 ゴキブリは最古の昆虫の仲間。だからしたたか、、、か？

ゴキブリは数億年前に発生し、今日まで生き延びた最古の昆虫の仲間である。もともとは森の枯葉の下を住処《すみか》とし、恐竜をも絶滅させた地球環境の大異変もくぐり抜け、人類が出現してからはその快適な環境に適応し、したたかに生き抜いてきた。その過去から考えてちょっとやそっとで絶滅するようなタマではない。餌となるものは有機物ならほとんどすべてといっていい。人間の食べ物はもちろん、ゴミ、排泄物、髪の毛、剥がれ落ちた皮膚、爪の切れ端、あかやフケ、鼻くそ、耳くそ、本の背表紙、製本の糊、機械油、何でも来い！　だ。だから、どんな環境でも生き延びることができ、事実、数億年を生き延びてきた。

117 アメンボはなぜ、水の上を歩けるか？

池の水面をスイスイすべるように動いているアメンボは、捕まえて嗅いでみると甘い芋《いも》飴《あめ》の匂いがする。そこから「飴棒《アメンボウ》」と呼ばれていたのが音転化してアメンボになった。

アメンボが水の上を歩けるのは、足が沈まないからだが、その秘密は足の先端を観察するとわかる。そこには細かい毛がびっしり生え、この毛が水をはじく油のような液体で覆われている。足に体重がかかると、水の表面をへこませるが、水の表面張力によって上向きの力が生じ体を支えることができる。水の表面張力は、水面に1円玉を浮かせてみれば観察できる。

118 クモの糸はなぜ、次から次へと出てくるのか？

クモの体の中には、粘液状の「糸の素」が入っている袋があり、尻の糸いぼから出て空気に触れると糸になる。糸いぼは200個近い出糸管からできており、1本に見える糸も実は何本もの糸が合わさってできている。糸は出糸管のどの管を通るかによって、巣を張る糸か、獲物をぐるぐる巻きにする糸か、卵を守る糸か用途が違ってくる。

119 何でも襲うメスグモにオスグモが襲われない理由とは?

阪神タイガースのユニフォームに似たまだら模様のジョロウグモは不気味だ。網を揺らした虫に反射的に襲いかかる。仲間のオスでも不用意に揺らすと攻撃する。ところが、授《じゅ》精《せい》に訪れたオスは、ビクビクしながらもメスに近寄り、自分の精液を足に振りかけてメスの生殖門に押し込むことができる。それは、オスが網に入るとき、あらかじめ決められた揺らし方でメスに信号を送っているからである。しかし、受精が済むとメスはオスをその場で食べてしまう。

120 クモはネバネバの自分の網になぜかからないか?

いったん昆虫が網にかかるとクモはスルスルと近寄り、ネバネバの糸でがんじがらめにしてしまう。こうなったら獲物は一巻の終わりだが、それにしてもネバネバの糸にクモ自身は絡まれないのだろうか。

その心配は無用である。クモの足からは油がにじみ出て絡まないようになっているからだ。その証拠に足をベンジンで拭いて油をとると網の上を歩けなくなる。

121 カエルの上にカエルがたくさん乗っかっているのは何事か？

交尾ではない。交尾とは、オスが外部生殖器をメスの生殖器に挿入し体内で受精させることをいう。カエルや魚類は外部生殖器がないので交尾はしない。体外で受精する。卵が十分成熟したメスは田んぼや水辺で産卵を始める。そのとき、オスが背中に乗っかり、卵の上から精液を放出し、その場で受精卵をつくる。卵に精液をかけるだけなので1対1でなくてもよい。たくさん乗っかっていてよい。

122 モリアオガエルはどうして木の上に産卵するか？

伊豆・天城山《あまぎさん》の八丁池《はっちょういけ》をはじめ、岐阜や岩手、福島、近畿、中国地方など、主に本州で生息が確認されているモリアオガエルは樹上の葉っぱに卵を産みつける種類として知られている。カエルは普通水辺に産卵するのにどうして木の上か？

それは天敵のイモリからオタマジャクシを守るためである。水辺にいるイモリはオタマジャクシが大好物、卵からかえると片っ端から食べてしまう。モリアオガエルはそんなイモリがたくさんいる池で子孫を残すため、イモリが近づけない木の上に卵を産みつける。かえったオタマジャクシは、イモリが食べられない大きさに成長したところで池に落ち生き延びる。

123 卵から生まれたばかりのカタツムリは、カタツムリ形をしているか？

カタツムリは水中の貝と同じ軟体動物の仲間だが、陸上生活をするための肺を持っているところが少し違う。

また、貝類は卵から幼虫、幼虫から貝へ変態（姿を変えること）して成長するが、カタツムリは変態しない。卵から生まれたときすでに直径4ミリメートルくらいの殻を背負って、親と同じ姿形をしている。ただ、親の殻の渦巻きが5巻き半なのに対し子カタツムリは1巻き半しかない。

124 トカゲのしっぽはどうして切れるか？

トカゲは都会ではあまり見かけないが、田舎ではチョロチョロ這いまわっている。そのしっぽは、はじめから、切れるところが決まっていて骨に割れ目が入っている。ヘビや鳥に襲われ危機一髪になると自分でしっぽを切り離す。

そして、ピンピン跳ねるしっぽに敵が襲いかかっている間に、本体は、まんまと逃げおおせるのである。

125 ヘビは自分の口より大きいブタでも丸呑み。どうやって？

熱帯には自分の口より大きいブタでも丸呑《まるの》みする大型のヘビがいる。どうやって呑み込むかというと、あごの関節が2つあって、口を大きく開くことができ、また、下あごが左右にわかれ、靭帯《じんたい》でつながっているので、くわえたまま少しずつ送り込むことができる。歯は細く鋭いが、噛み砕《くだ》くことはできない。噛みつくのに都合よくできている。

ブタをも呑み込むような大蛇は、獲物を絞め殺すので、呑み込んでから逃げられることはない。生きたまま呑み込んでも、内側に湾曲した歯によって、獲物が外に逃げられないようになっている。獲物は奥へ行くしかないのだ。

ブタを呑み込むのだから人間の子どもも捕まったら危ない。大人だってウカウカしてはいられないだろう。

126 ヘビに丸呑みされた獲物は、その後、どうなるか？

ヘビは胴体をパンパンにふくらませ、丸呑みした獲物を食道から胃、胃から腸へと送り消化する。

ネズミを丸呑みしたアオダイショウの解剖実験によると、食道のあたりでは、消化液で水びたしになっていた。毛はまだ残っている。しかし、胃から腸に送られると毛がなくツルツルになって、皮膚の一部が溶け始めていた。解剖実験はここまでだったが、この後、腸に行くと化学的な分解が進み、ネズミは完全に消化されてしまう。当然、大蛇に呑み込まれたブタも、人間も同じ運命をたどるだろう。

127 毒蛇のマムシにマムシが噛まれたらどうなるか？

日本にいる毒蛇は本州に棲むマムシと沖縄のハブ、それにごく弱い毒を持っているヤマカガシである。その中で、マムシは暗いところでとぐろを巻いていたり、草の中に潜んでいたりして、うっかりすると噛まれることもある。噛まれると呼吸困難になって死ぬこともあるので、医者に駆け込んで血清注射を受けなくてはならない。マムシが出没する地域の医者はたいてい血清を準備している。

それはさておき、マムシがマムシに噛まれたらどうなるかだが、仲間同士は毒に対する抵抗力があるので何ともない。というより、ヘビ同士は互いに争って相手を噛んだりしないのである。

128 水面で口をパクパクさせている金魚は空気を吸っているのではない？

水槽が酸欠になって、空気を吸っているように見えるが、金魚に肺はないので、空気は吸えない。では、何をしているか？

水面には、空気中の酸素が溶け込んでいるので水中より酸素濃度が濃い。そこで、魚は水面に上昇し酸素を補給しているのだ。パクパクしているのは、水面を揺らし、より多くの水を空気と接触させ、溶け込む酸素の量を増やしているのである。本当に酸欠がひどくなると、魚は、底にじっとして動かなくなる。

129 日本生まれの貝がアメリカにいた！　泳げないのになぜ？

貝は泳げないから、棲んでいる海域からは移動できないハズである。にもかかわらず日本にいる種類とまったく同じ貝がアメリカ、オーストラリア、インドなどで見つかっている。調査の結果、日本の貝が各国に広がったとしか考えられないこともわかった。大海をどうやって移動したのだろうか。

と書くと、不思議に思えるが、答えは簡単。昆虫が卵、幼虫、さなぎ、成虫と変態するように、貝も卵から幼虫が生まれる。この幼虫がコマのように回転し、大海を泳ぎ、遠くにたどり着いて貝になるのだ。幼虫が泳ぐのである。

130 ハマグリに入っているカニは、なぜ入っているか？

ハマグリは海水を吸い込んでプランクトンを食べている。カニは食べない。にもかかわらず、身の間にカニがいるのは、オオシロピンノという種類のメスが寄生しているのである。寄生してハマグリが吸い込むプランクトンを食べているのだ。繁殖期になるとこのメスはオレンジ色の卵を抱え、オスがハマグリにやってくるのを待っている。

ところで、ひな祭りにハマグリを食べるが、これは、ハマグリがもともとの組み合わせの貝殻以外とはピッタリ合わないことから、よい結婚相手に恵まれるようにという願掛《がんか》けからである。

131 ウナギは水から出しても元気。なぜか？

ウナギは水中ではエラ呼吸だが、夜になると陸に上がることもあり、そのときは皮膚呼吸で地面を這いまわる。だから、ウナギ屋の調理場で、水なしで、かごに入れておいても、皮膚呼吸で元気である。

ドジョウも腸で空気呼吸できるので長時間水なしで生きている。

132 ウナギの刺身やにぎりはない。なぜか?

寿司屋とウナギ屋を兼ねている店があるが、そんな店でも、ウナギの刺身やにぎりはメニューにない。なぜなら、生のウナギには毒があるからだ。昔から、ウナギ職人に眼病が多いというのもその毒が原因である。

ウナギの血液中にはイクチオヘモトキシンという成分があり、これを食べると吐いたり、ひどいときは呼吸困難になったりすることもある。この成分は熱を通せば消える。だから、ウナギは蒲焼か白焼きで食べるのだ。

133 腕をちぎられると、ちぎれた腕がもう1匹のヒトデになる?

手の平のような形をしたヒトデを海辺や水族館で見たことがあるだろう。形はおもしろいが、じっとしているだけで動かず、取り立てて興味を引かれる生き物ではない。ところが、このヒトデ、実は、「脅威の再生力」を持つ恐るべきヤツなのである。

天敵の魚に襲われると、簡単に腕を食いちぎられるが、その後がすごい。

食いちぎられた腕の残骸が、少しでも残っていれば、その腕がぐんぐん成長し、驚くなかれ、もう1匹のヒトデに生まれ変わる。もちろん、食いちぎられた元のヒトデには新しい腕が復元する。襲われて2匹になるのだ。

通常は、卵で増えるが、卵でなくても、このように体を切断（分断）し、その部分が再生して増えることもできる。

134 ヒトデは、固く閉じたハマグリを食べる。どうやって？

ハマグリでもアサリでも二枚貝はフタをいったん閉じると容易に開けられない。しかしヒトデは閉じたハマグリの身をやすやすと食べてしまう。

どうやって？

まず、ヒトデは閉じたハマグリの上に覆いかぶさる。ハマグリは警戒して固く固く殻を閉じるが、ヒトデも覆いかぶさったまま動かない。じっと待ち続ける。その間、何が行な

われているのかはわからない。

やがてハマグリが、様子見かどうかわからないが、少し開く。その瞬間、ヒトデは自分の胃を貝の中に押し込むのだ。そして、中に入った胃袋がゆっくり貝の身を消化する。

135 海に真水はない。海の魚は海水を飲んで大丈夫か？

海の魚も生きていくためには水分が必要である。
海に真水はないから海水を飲む。しかし、海の魚の体液塩分濃度は海水の約3分の1、そのままだと浸透圧で体内の水分はエラや口から出ていく。浸透圧というのは濃度の薄いところから濃いところに水分が移動する現象のことである。
水分が移動したままでは脱水状態となるので魚は海水を飲む。しかし、海水の濃度は体液の3倍なので濃すぎる。そこで、余分な塩分はエラの塩類細胞に集め捨てている。また、尿からも出す。その結果、塩分の濃度は淡水魚と同じ水準に保たれるのである。

136 タツノオトシゴはなぜ、オスから子どもが生まれるか？

タツノオトシゴは小型の竜のような姿形で突っ立って漂っているのを磯浜で見かけることがある。水族館でも見ることができる。このタツノオトシゴ、不思議なのは、オスの腹から子どもが生まれてくることである。どうなっているのか？

それは、メスがオスの保育袋に産卵するからである。子どもが保育袋にいっぱいになると、オスは１匹ずつ海中に送り出す。その様子からオスが出産しているように見えるが、事実は、育てているだけである。

137 イカのスミとタコのスミ、同じようで同じではない？

スパゲッティに絡めたイカスミは粘り気が強い。一般に、イカは敵に襲われるとスミを吐き出して煙幕を張り、逃げると考えられていたが、イギリスのＤ・ヘールの研究で煙幕ではないことがわかった。その秘密はこの粘り気にある。

ヘールによると、イカのスミはネバネバしているので塊としてポッと吐き出される。それを見た敵は、黒いその塊をイカと勘違いする。ダミーだ。襲うと、塊ははじけ、あたりを黒く染めるが、そのとき本物のイカはまんまと逃げている。スミは変身の術だったのである。これに対してタコのスミは煙幕を張るだけだからネバネバしていない。

138 クジラの子は広い海で迷子にならないか？

地球最大の動物は南氷洋のシロナガスクジラである。体重170トンだからゾウやカバの8トンと比べても、その巨大さがわかるだろう。最大の恐竜ブラキオザウルスでも80トンだから半分である。しかし、こんな巨大なクジラも、海の広さから見れば点にすぎない。もし、子クジラが迷子になったらどうやって探すのだろうか。

広大な海では、子クジラだけでなく配偶者を見つけるのも大変に思える。しかし、心配無用なのだ。なぜなら、クジラは非常に精巧な耳を持っており、超音波を出しながら互いに交信しているからである。1万メートル離れたマッコウクジラが、連絡をとり合っているのが調査で確認されている。

第4章

タネナシスイカは、タネがなくて来年もできるのか？

139 タネナシスイカは、タネがなくて来年もできるのか？

タネナシスイカにもタネはある。普通のスイカは、細胞の中心核に22本の染色体を持っているが、これをコルヒチンという薬品で処理をすると、44本の染色体のスイカができる。このスイカに普通のスイカの花粉をかけると33本の染色体のスイカができ、そのタネから咲いた花にさらに普通のスイカの花粉をかけるとタネナシになるのだ。だから、タネナシスイカのタネは、普通のスイカのタネと同じ、来年も実ができる。

140 なぜ、樹木のてっぺんまで水が行きわたるか？

樹木は10メートル以上の高さのものも珍しくない。しかし、どんなに高い木であっても、てっぺんまで水が行きわたり青々と茂っている。

どんな秘密があるのか。

まず考えられるのは毛管現象だが、これだけでは10メートル以上上がることはできない。では、葉が水分を蒸発させ、その力で吸い上げているのか。しかし、葉のない季節も水は先端まで届いている。となると最後は、根の力（根圧）ということになるだろう。根からてっぺんまでの水の通り道は導管と呼ばれ、毎年、樹皮の裏に新しくつくられる。地中の水はまず浸透圧で根毛に入り、枝根、根、導管を通っててっぺんまで押し上げられる。根圧というのはそれほど強い力なのである。もちろん、毛管現象、蒸発力もそこに加わる。

141 公園の松に巻いてあるワラは防寒のためではない？

皇居前広場、公園、神社などの松には、冬を迎える頃、ワラが巻きつけられる。「大切な松だから防寒対策をしている」のだろうか。が、よく見ると巻いてあるのは幹の一部だけ、寒さよけにはもの足りないようにも思える。

その通り、あれは防寒対策ではない。

松の葉を食い荒らす害虫マツカレハの幼虫マツケムシを捕まえる仕掛けなのである。マツケムシは温かい間は葉の間にいるが、寒くなると下に降り、枯葉に潜んで冬を越す。その習性を利用し、幹の途中にワラを巻いて潜り込ませる。

これを春先に燃やして一網打尽にするのである。

142 卒業記念に幹につけた彫り込み、30年後にははるか上の方に？

卒業記念につけた幹の彫り込みを、30年後の同窓会で見に行ったとしよう。幹のどの高さにあるだろうか？

はるか上の方に行ってしまっているだろうか？

そうではない。同じ高さのところにある。

樹木の一番上にある芽は細胞分裂しながら上に伸びていく。しかし、幹は、樹皮のすぐ下の部分が毎年細胞分裂して太くなるだけで、上には行かない。てっぺんだけが上に伸び、幹は年々太くなって、樹木は全体が大きくなるのである。

143 なぜ、幹が空洞の桜の木に花が咲くか？

桜の古木には大きな洞があいているものが珍しくない。洞の上に桜が満開になる。桜以

外でも、いろんな古木に大きな穴ができているのをよく見かける。もちろん葉が茂って元気だ。幹に穴があいていて樹木は何ともないのだろうか。

大丈夫である。

樹木の幹は樹皮とその下のわずかの厚みを除き、生命活動とは直接関係ない。中身は樹木を支えているだけだ。活動をしているのは、樹皮のすぐ下で水や養分の通り道となっているる導管部分と、その下にあって、幹を太くする分裂組織の薄い箇所だけである。樹皮を剥ぎ取ってしまうと樹木は枯れるが、中の材に少々穴があいていても問題はない。

144 ミカンの中袋についている白い筋は何か？

ミカンでも夏ミカンでもハッサクでも、皮をむくと白い筋がある。食べても味はないが、実はこれ、なかったら実ができないという非常に大切なもの。維管束《いかんそく》という。水や養分の通路である。ミカンだけでなく、例えば、レンコンを食べると糸を引くが、これも同じもの。すべての水や養分が維管束経由ではないが、もし、これが断たれるとその部分は枯死する。

145 マスクメロンの「マスク」は網目のことではない？

メロンには、表面がツルッとした種類と網目のある種類がある。網目があり、高級メロンの代名詞となっているマスクメロンは、１９２５年（大正14年）、イギリスから伝わったアールスメロンの日本での呼び名である。イギリスではもう栽培されていないという。

１９９８年、イギリスのサッチャー元首相が来日したとき、元祖イギリスのこのメロンの美味に驚嘆し、さらに１株に１個の実という独特の栽培法にもう一度驚嘆したというエピソードは有名である。

さて、マスクメロンの「マスク」だが、網が「仮面《マスク》」のように見えるのでマスクだと思われているようだが、そうではない。マスクとは、じゃ香の香り「ムスク」のことである。じゃ香のように素晴らしい香りのメロンだ。

146 アジサイの花の色はどんどん変わる。なぜか？

はじめ緑の花がつき、淡い黄に変化した後、白、青、淡い紅、紫へとアジサイの花は色が変化し、長い間楽しめる。花の色が変わるのは、アジサイにいろいろな色素が含まれているからだ。はじめの緑は葉緑素のクロロフィル、緑が色あせると黄色のカロチノイドが勢力を増し、黄が終わるとフラボンによって白くなり、またしばらくすると葉っぱの中でつくられたアントシアンがまわってマグネシウムと結合し青くなる。その後、細胞液の酸でこれが分解されて赤くなり、最後は、カリウムが結合して紫となるのである。

147 セイヨウアジサイは日本生まれ。なぜ「西洋」か？

梅雨の季節に見かける球状のアジサイがセイヨウアジサイだが、この母種は関東地方の海岸地帯に自生しているガクアジサイである。つぼみのような小さな花がぎっしり咲く。が、見栄《みば》えはよくない。

これが18世紀（江戸時代）に、中国経由でイギリスに伝わり、園芸用に改良された。そして、明治時代になって逆輸入され、鉢植えで「セイヨウアジサイ」として売られた。見栄えがいいことからすぐ全国に広まり、もともと日本原産だから生育環境はピッタリで、その後、いろんなところにアジサイ名所ができ人気をはくしている。

148 川のほとりに柳が植えてあるが、何かわけでも？

柳の根はヒゲ根といって細長く密集しており、川の流れに直接さらされても生育できる、水に強い樹木である。しかも、根が土を締めつけ水に流されるのを防ぐので、昔から水防の目的で、川の土手にたくさん植えられてきた。だから、大きなシダレヤナギだけでなく、カワヤナギ、ネコヤナギ、タチヤナギなどいろいろな種類が川岸に生えているのである。

149 キウイをリンゴと一緒にしておくと熟してくる。なぜか？

庭のキウイの木にできる実は、早目に採り、リンゴと一緒に保存すると早く熟す。また、ジャガイモはリンゴと一緒に箱に入れると芽が出ない。

リンゴにこのような作用があるのは、リンゴがエチレンガスを放出するからである。エチレンガスには植物の「成熟を促進する作用」、「生長や開花を抑制する働き」があり、キウイの場合は成熟が促進され、ジャガイモの場合は芽の生長が抑えられる。緑黄野菜はこの作用で葉が黄色くなるので、冷蔵庫ではリンゴと一緒にしない方がいい。

150 夏、木陰に入るとヒンヤリするのはなぜか？

真夏にクスノキやスズカケの木陰に入ると、日陰だから涼しいのはもちろんだが、それ以上に、何かヒンヤリとした感じがする。

なぜだろうか。

それは、木の葉にある無数の気孔から水分が大気中に放出されているからである。水分は空気を冷やすだけでなく、気化熱として大気中の熱を奪う。だから、樹木の周りはヒンヤリとしているのである。

打ち水をすると涼しくなるのと同じ原理だ。

151 茶畑やミカン畑はなぜ山の斜面につくられるか？

東海道新幹線が静岡県に入ると、沿線に茶畑やミカン畑が広がる、どの畑も平地でなく

山の斜面につくってある、お茶もミカンも寒さに弱い植物だから、平地に植えた方が、風が吹き上げる斜面より温かいように思えるが、なぜ斜面だろうか。

それは、夜になると、昼間温められた熱が地面から逃げ出し、平地に冷気が流れ込んで留まるからである。斜面は夕刻には冷えるが、やがて冷気は下に降りていき、入れ替わって、昼間温められた平地の温かい大気が昇ってくる。最低気温の平均をとると斜面の方が温かい。

152 秋になると葉が落ちるのはなぜか？

動物は、食べ物を消化吸収し排泄するが、植物にはそんな排出システムはない。しかし、生きている以上、老廃物が生じるので、それを捨てなくてはならない。そこで植物は老廃物を葉の中にため、1年に1回、落葉することによって捨てている。常緑樹も1年の寿命が終わると緑の葉のまま落葉する。

竹やクスノキのように春に落葉する植物もあるが、日照時間の長い夏が終わった後、秋に、落葉する植物が圧倒的に多い。

153 紅葉は赤や黄の色素が新たにつくられるのではない？

鮮やかな紅葉を見ると、赤や黄の色素が突然あらわれたのではないかと思えるが、これらの色の成分であるキサントフィルやカロチンは緑の成分のクロロフィルとともにもともと葉に含まれていたものである。陽射しの強い春から夏にかけては、緑のクロロフィルが圧倒的に多いので他の色は隠されている。が、秋になると、クロロフィルは分解され、色あせるので、もともとあった赤や黄があらわれるのだ。

154 ジャガイモのダンシャクイモはなぜ「男爵」か？

ジャガイモは、１６０１年にインドネシアのジャガタラからオランダ人が日本に持ってきたのでジャガタライモだったが、やがて、約《つづ》まってジャガイモとなった。

ジャガイモの品種で人気のあるダンシャクイモは１９０８年、北海道の函館ドックという会社の役員だった川田男爵がイギリスからアイリッシュ・コブラーという品種を持ち込んで栽培したのが始まり。「男爵がつくったイモ」がダンシャクイモとなった。

155 モミジとカエデの違いは何か？

寺のモミジは秋になると境内を紅く染め上げる。が、よく見ると緑の木もある。そこで何となく、紅いのがモミジ、緑がカエデと思ってないだろうか？

真相はどうなのか。

植物分類学でいうとモミジもカエデも同じカエデ属の樹木である。園芸の世界では、葉が深く切れ込んでいるものをモミジ、切れ込みが浅く数も少ないものをカエデといっているようだが、同時に、カエデ属の紅葉したものをモミジと呼ぶ場合もある。厳格ではない。だから、われわれ一般人としては、紅いのがモミジ、緑がカエデという、従来からの分類法でいいのである。

156 「柿の実がたくさんなった年の冬は寒い」のはなぜか？

「夕焼けの翌日は晴れ」「夏の夕立お天気続き」と天気のことわざはたくさんある。しかもよく当たる。その1つが「柿の実がたくさんなる年は寒さが厳しい」だが、なぜだろうか？

それは、柿がたわわに実るのは夏と秋の天気が順調だったからであり、夏と秋の天気がいいのは大陸の高気圧が大きく張り出していたからである。そんな年は、冬になっても、高気圧の勢いが衰えない。高気圧の勢いの強い冬は寒いのである。

157 キュウリはなぜ「キュウリ」というか？

キュウリは収穫しないでおくと黄色く熟れる。昔は、これを食べていたので黄瓜といっていたが、これが音転化してキュウリとなった。キュウリは漢字で胡瓜とも書くが、胡《こ》椒《しょう》、胡麻《ごま》などのように「胡」がつくのはシルクロード経由で伝来したからである。最初は、黄色くなってから食べていたが、そのうちシロウリやマクワウリといったおいしい黄色いウリが入ってきて人気がなくなった。そこで、青いうちにとって、みずみずしさを食べるようになった。

158 ミョウガを食べると物忘れがひどくなる、は本当か？

ミョウガを食べると物忘れが激しくなるというのは、『法華経直談鈔』の次の話からきた。

釈迦の弟子の周梨槃特《しゅりはんどく》は生まれつき忘れっぽく、とうとう自分の名前まで忘れてしまった。死後この男の墓から生えてきたのがミョウガだった。そこで、これを食べると槃特のように忘れっぽくなるといわれた。

ミョウガの成分はほとんど水分だからそんなことにはならない。

159 桜はなぜ春に咲くか。なぜ夏ではないか？

植物に花を咲かせるのは「開花ホルモン」である。このホルモンには、活動を始める条件がある。桜の場合、つぼみは、花が散った春の間に枝についているが、これが、夏の強い陽射しに照らされ、だんだん気温が下がって、厳しい冬の寒さにさらされ、その後、暖かくなるという条件をクリアすると開花する段取りになっている。だから春に咲く。

ところで、秋に、冬のような寒さが続き、その後、小春日和のポカポカ陽気になって桜が咲くことがある。狂い咲きである。これは、冬が終わって春が来たと桜が勘違いしたのである。

160 タンポポの茎は短い。しかし、綿毛タンポポになると長い。いつ伸びる？

タンポポというと黄色い花とふわふわの綿毛だが、同じタンポポなのに花と綿毛の茎の長さが2倍近く違っていることは知られていない。

2倍になるのは、綿毛を遠くに飛ばすためだが、いつの間に2倍になるのだろうか。

よく観察していると、タンポポの花は2、3日咲いた後しぼんで倒れてしまう。種子をつくるため養分を使うからだ。種子ができると今度は茎がぐんぐん伸びて2倍近くになり、その後、タネを遠くに飛ばすため立ち上がる。

花がしぼんで倒れている間に茎は伸びていたのである。

第5章

田舎の空気はなぜ、おいしいか？

161 田舎の空気はなぜ、おいしいか?

田舎の空気がおいしいのは、排気ガスに汚染されていないからだけではない。緑によって、新鮮な空気がどんどんつくられているからである。植物は二酸化炭素を吸収し酸素を捨て、動物は酸素を吸収し二酸化炭素を捨てているが、都会は、緑が少なく人口が多いのでこのバランスが崩れている。

高さ10メートルの樹木で、6人分の酸素が供給されるが、そんな大木がたくさん生え、草が生い茂っている田舎では新鮮な空気がどんどんつくられているのである。

162 山で飲む渓流の水は、なぜうまいか?

渓流の水がうまいのは、のどが渇いているからだけではない。水そのものがうまい。うまい水の3条件は「味」、「香り」、「温度」だが、渓流の水はまず、ミネラル分と二酸化炭素がその「味」をつくっている。湯冷ましの水がまずいのは、沸騰したとき二酸化炭素が逃げ出すからだ。「香り」は水の鮮度とイコールである。新鮮な水ほどいい香りがする。

都市の水道水は貯蔵されたダム水を使っているので鮮度がない。その上、消毒のため塩素を大量に入れてある。

そして「温度」だが、これは水の冷たさである。体温マイナス25度Ｃが一番おいしく感じる温度とされる。渓流の水はまさに10度Ｃ前後。三拍子そろっている。

163 市販のミネラルウォーターはおいしい水といえるか？

食品衛生法で、市販のミネラルウォーターには「80度Ｃ以上の高温で30分以上の加熱殺菌処理」が義務づけられているので二酸化炭素や空気は逃げ出している。東京都消費者センターが湯冷ましの水道水とミネラルウォーターの識別テストをしたことがあるが、９割の人が識別できなかった。ペットボトルは冷やして飲むので、その爽快感がうまいと感じられるのだろう。生温かいとまずい。

164 夕立の雨はなぜ、あんなに超大粒か？

夕立は入道雲が広がって降る。入道雲はカミナリをともなう雲である。稲妻が走り雲は帯電している。そんな雲から降ってくるのだから、雨粒も帯電している。当然、雨粒同士のプラス側とマイナス側が引き合ってくっつく。

どんどんくっついて、やがて超大きな雨粒になる。そんな雨粒が狭い範囲に集中するので滝のような雨になるのだ。

165 ビルのような大石が川原にころがっているのはなぜか？

川の上流域に行くと、ビルのように大きな石に出くわすことがある。川原にあるのだから、水に押され川をころがってきたのだろう。そんな巨石は、日本全国いたるところの河川にあるから、日本中の河川を大容量の水が流れたことがあったということだろうか。

その通り。

太陽からの放射エネルギーが強くなり、地球温暖化が進むと、海水からの蒸発量が増え、雲が大量に発生し、想像を絶する雨量となる。そんな時代が、大昔にあったことをこれらの巨石は物語っている。この温暖化は太陽自身の異変によるものだが、温室効果ガスによる地球温暖化でも、同じことが起こるとされる。

166 カミナリは金属を持っていなくても落ちてくる？

カミナリが鳴っても、街中なら建物の避雷針に落ちるので心配はない。しかし、校庭やゴルフ場、田舎の一本道などでは危険である。金属を持ってないからといって安心はできない。なぜなら、最もよく通電するのが、その60パーセントが水分の人体だからだ。人より高い位置に傘、金属バット、ゴルフクラブなどがあればそこに落ちるが、なくても落ちる。カミナリが近づいたらできるだけ姿勢を低くして避けるのがよい。

167 富士山に「３つの富士山」がある、とはどういうことか？

「３つの富士山」とは、富士山のような山が３つあるというのではなく、本物の富士山が

3つあるという意味だ。

これは、富士山の研究で知られる津屋弘達博士が指摘するまで地質学者でさえ知らなかった。「3つの富士山」のうち、最初の富士は70万年前に噴火してできた小御岳である。この火山は現・富士山の噴出物で埋められてしまったが、いまの小御岳神社が頂上だった。次に、数万年前にその南側が噴火し、標高2700メートルの古富士ができた。そして、1万3000年前に古富士の山頂付近が噴火して現・富士山（新富士）ができたのである。

現・富士山はその後も噴火を続け、噴出物が2つの古い富士山を覆ったので、津屋博士が気づくまで、人々は、富士山はただ1つの山と思っていたのである。

168 もし、富士山が噴火したら東京はどうなるか？

富士山は活火山だからいつ噴火してもおかしくない。噴火すれば、麓の静岡、山梨、神奈川などは重大な影響をこうむる。新幹線も止まるだろう。
では、東京はどうなるか。

どうなるかは、１７０７年の噴火の様子を記した新井白石《あらいはくせき》の『折《おり》たく柴《しば》の記《き》』から読み取ることができる。それによると、噴火が始まると空が真っ暗になり、地鳴りがとどろき、たくさんの灰が降った。人々はセキが止まらず苦しんだという。現代では、これら人的被害の他ハイテク機器が灰で狂ってしまう可能性が大だ。都市機能が壊滅する恐れもある。

169 恐竜絶滅の原因は、小惑星の地球衝突説がいまや定説？

６５００万年前に恐竜が絶滅した原因は、いくつか説があったが、ここにきてメキシコ・ユカタン半島に落下した小惑星の地球衝突説が最有力になっている。

小惑星は太陽系の小天体で、その多くは火星と木星の間の軌道を公転しているが、中には地球の近くを通過する可能性のあるものもある。これまで発見されたものには、軌道が確定した後、番号がつけられているが、２００８年12月末で20万２８８５個である。この他に、未発見のものが数十万個あるとされている（「ウィキペディア」）。

小惑星が地球に落下すると、衝突地点の周辺だけでなく、地球環境に重大な影響を及ぼす。衝突で巻き上げられる微粒子がまゆのように地球を覆い、何年にもわたって太陽光を遮るからだ。このため、地上の気温は50度以上も低くなる。気温がマイナス20度C以下の極寒の世界だ。

そんな大異変が6500万年前にメキシコ・ユカタン半島に落下した小惑星によって引き起こされたと考えられている。植物は枯れ、恐竜だけでなく多くの動植物が死に絶えた。その中で、体温のある小型哺乳類が地中の穴などで生き延び、これがわれわれ人類の祖先につながったと推測されている。

170 「地球最後の日」が必ず来る！　とはどういうことか？

星の理論によると、すべての星には寿命があり、太陽も例外ではない。ごくありふれた星の1つである太陽は約100億年の寿命だが、すでに50億年を経過している。だから50億年後には燃え尽きる。

最期に近づくと太陽は大きくふくらむので、地球は飲み込まれ、地上のすべては焼き尽くされる。その後、太陽は大爆発し地球もろとも吹っ飛んでしまうのだ。

171 オホーツクの流氷を溶かすと、しょっぱいか、しょっぱくないか？

流氷《りゅうひょう》には、陸で凍って海に流れ出したものと、海水が凍ってできたものがある。春先に北海道・オホーツク海沿岸に押し寄せる流氷は海水が凍ってできたものだが、溶かして飲むと海水ほどしょっぱくない。

なぜだろうか。

海水は塩が水に溶け込んでいる状態なので分離すれば塩がとれる。このような溶液（海水）は凍らせると、溶け込んでいるもの（塩）と溶かしているもの（水）が分離し、水だけが凍るのである。だから、オホーツクの流氷は海水の中の真水が凍ったものだが、元の３分の１くらいの塩分が逃げ遅れて閉じ込められるので少し塩味がする。

172 エベレストより高い超々々高層ビルは建てられない？

建築技術が進み、地震対策も万全にできるとしたら、超高層ビルはいくらでも高くできるだろうか。エベレストより高い超々々高層ビルは建てられるか？

それは不可能とされている。なぜなら、地球には「重力平衡形状《じゅうりょくへいこうけいじょう》」という性質があり、ある高さ以上になると、どんなにしっかり基盤をつくっても、下層部が粘土のようにゆっくり広がり低くなってしまうからである。エベレストくらいの高さが上限と考えられている。

173 空はなぜ、青いか？

空が青いのは青い光が空に満ちているからである。しかし、太陽からは紫、藍、青、緑、黄、橙、赤といろんな色の光が来ているのに、なぜ、青い光が空に満ちているのだろうか。他の色はどうなったのか？

それはこんな例で考えるとわかりやすい。

海でボートをこいでいるとき、沖を大きな船が通ると波を受ける。水面を見ていると、大きな波はボートを揺らして進んでいくが、小さな波はボートに当たって砕ける。同様に、太陽光のうち、波長の短い青系統の光（小さな波）は大気の分子にぶつかって散乱し、散乱した光が空に満ちる。だから空は青い。一方、波長の長い赤系統の光（大きな波）は散乱しないのでわれわれのところまで届く。そのため太陽は赤っぽい橙色に見えるのである。

174 秋になると台風が頻繁にやってくる。なぜか？

台風は熱帯低気圧が発達したものだ。自分で進む方向を決めることはできない。阻むものがあれば、その方向には進めない。阻むもののない方向に進もうとする。

日本列島付近は春から夏にかけては太平洋高気圧にすっぽり覆われるので台風は近づくことができない。通路がないのだ。

秋になると高気圧の勢いが弱まり台風の通路ができる。冬になるとまた日本列島は高気圧に覆われるので近づくことはできない。だから秋に集中する。

175 高気圧は好天気、低気圧になるとくずれる。なぜか？

高気圧は周りの気圧より高い。気圧が高いと大気が押し出され、（北半球では）時計まわりの風が外に向かって吹き、入れ替わりに上空から大気が降りてくる。逆に低気圧では、気圧が低いので反時計まわりの風が吹き込み、押しやられた大気は上昇気流となって上に昇る。日本は海に囲まれているので、上昇気流は海面から昇り、水分をたっぷり含んでいるので雨雲となる。低気圧で天気がくずれるのはこのためである。他方、高気圧では、上空から降りてきた大気が水分の多い大気を外に押しやるので好天気となる。

176 川の水は、どこから絶え間なく流れてくるか?

日本の川は、大陸の河に比べ急流で距離も短い。にもかかわらず、絶えることなく流れてくる。雨量が多いので当然ともいえるが、流れる量も多く勢いも強いので、上流に「貯え」がなければ涸れるのではないかとも思える。事実はどうなのか?

現在、日本の大きな河川はダムに貯水されているので心配はないが、ダムができる以前でも、川には水がたっぷり流れていた。その水がどこにあるかというと、主に、山林と水田である。都会にいては想像できないが、日本の森林は奥深く広大だ。雨はこの森に貯えられ、また米づくりの間は水田に貯えられる。そして、途切れることなく流れ出すのだ。

第6章

大型旅客機の愛称は、なぜ「ジャンボ」か?

177 ヨーロッパでは「トマトが赤くなると医者が青くなる」といわれる。なぜか？

トマトが日本にきたのは江戸時代の寛文年間（１６００年代）とされる。長崎に伝わった。はじめは、その赤い色から「唐柿《からがき》」と呼ばれ、観賞用に栽培されていた。食用になったのは明治以降、本格的に食べ始めたのは第二次大戦後である。比較的最近だ。

ヨーロッパでは昔から「トマトが赤くなると医者が青くなる」といわれ、季節には山のように食べている。それは、トマトにカロチン、各種ビタミン、有機酸などが豊富で、その上、ヨーロッパ特有の土壌からくるカルシウムなどのミネラルもたっぷり含まれているからである。

また、１９９５年には、リコペンというカロチンの一種にがん予防の効果のあることが指摘され、ますます健康維持に欠かせない野菜となった。

178 欧米風の食生活だと大腸がんになりやすい。なぜか？

大腸がんにかかる人が急激に増えている。胃がんを抜き、いまや、肺がんについで2番目に多いがんとなった（「ウィキペディア」）。主な原因は米食だった日本人の食生活が肉食中心の欧米風になったからだとされる。動物性たんぱく質にはトリプトファンというアミノ酸が大量に含まれ、これが腸内細菌によって分解されると発がん性物質に変わる。

また、動物性脂肪を消化するため分泌される胆汁酸《たんじゅうさん》も、腸内細菌によって発がん性のある二次胆汁酸に変わる。これらが合わさって発がん性物質の腸内濃度が高くなるのだ。対策は発がん性物質をスムーズに排出すればいいわけだが、それには食物繊維をたくさんとるべきである。野菜をたくさん食べなさい、ということだ。

179 石器時代の日本人はカタツムリを食べていた？

カタツムリは貝の仲間なので食べられなくはない。フランスのエスカルゴはカタツムリ料理だがなかなかの美味である。日本にカタツムリ料理がないのは、試してみたものの、食指が動かなかったのだろう。しかし、大昔の日本人（石器時代）は食べていた。なぜそんなことがわかったか？

それは石器時代遺跡から出土した糞石《ふんせき》にカタツムリの殻があったからである。糞石は糞が固まって石状になったもの。これを湯で溶かし、内容物を詳しく調べたのである。

180 新幹線のプラットホームでは通過電車に引き込まれそうになる。なぜか?

新幹線・新神戸駅のプラットホームで、通過する「のぞみ」に引き込まれそうになったことがある。柵につかまって難を逃れたが、なぜ通過電車に引き込まれそうになるのか。実験してみよう。

2枚の紙を、少し間を開けてぶら下げ、その間を手刀でさっと切る。2枚の紙は下の方で近づくだろう。これは、瞬間的に、その空間の気圧が低くなったことを示している。同じことが通過電車とプラットホームの人との間でも起こるのである。

181 大相撲で、対戦する2人ともが休場したら勝敗は?

両方の力士が休むことはまずありえない。というのは、一方がケガなどで休むことは前もってわかるので、相手方は急病になったとしても、出場しさえすれば不戦勝になるからだ。しかし、それでも出場できなかったらどうか。

かつて序二段で、不戦勝になるべき力士が遅刻して出場できなかったことがあった。その人は不戦敗となった。つまり、両方とも負けだ。

182 なぜ、太古最初のヒトはルーシーという名か？

サルからヒトへの研究が進んでいる。アフリカのケニアでは約４２０万年前のアナメンシス猿人の化石が見つかり、１９７４年にはエチオピアのアファールで、よちよち歩きをしていた約３７０万年前のアファール猿人の化石が見つかった。この化石はその後、ケニアからタンザニアで次々発見され、チンパンジーからヒトへの最初のヒト化石ではないかと見られている。そこで、この化石には、発見者によってルーシーという名がつけられた。なぜルーシーか。

それは、発掘の日、ビートルズの「ルーシー・イン・ザ・スカイ・ウィズ・ダイアモンズ」がキャンプで流れていたからである。

183 なぜ、太古のネアンデルタール人は心やさしき人々とわかったか？

われわれ現代人の祖先とされるホモ・サピエンスは、10万年前にアフリカに登場し世界に広がったが、そのはるか前、紀元前20万年頃からヨーロッパや中近東で生存し3万年前に絶滅したのがネアンデルタール人である。

教科書にも載っている。

最初の化石がドイツ・デュッセルドルフのネアンデルタール洞窟で発見された。

ネアンデルタール人の風貌は凶暴な類人猿のようにも見えるが、研究者によると、家族愛に包まれた心やさしき人々だったといわれている。その根拠は、イラクで発見された遺跡から菊やユリなどの花粉がたくさん見つかり、遺体に花を供えていたと推測されたからだ。手厚く葬られる死者は家族に大切にされていたと研究者は考えた。

184 うるう年が「必ず4年に1回」というのは正しくない？

西暦3000年は、4年ごとに巡ってくる「うるう年」に当たっているが、暦の上では

「うるう年」ではない。なぜかというと、いま、われわれが使っている「グレゴリオ暦」は「うるう年」を４００年間に97回と決めているからである。

４００年間に１００回ではない。

これは、正確に観測した１年の日数が３６５・２４２２日だからで、「グレゴリオ暦」はこれに近づけるため、１年の平均日数を３６５・２４２５日とし、３０３回の平年と97回の「うるう年」を置いて４００年とし、帳尻を合わせているのである。だから、４年ごとの年なのに「うるう年」でない年があり、その１つが西暦３０００年というわけだ。

185 満月は何個あると昼間の明るさになるか？

満月を「昼をもあざむく明るさ」といったりもするが、実際は、そんなに明るくはない。では、何個集めると昼間の明るさになるだろうか。月は太陽からの光を反射して輝いている。反射といっても地球にやってくる光はその7パーセントにすぎない。月の反射効率がこんなに低いのは、その表面がアスファルト道路のような黒だからである。こんな満月だから、昼間の明るさを実現するには50万個以上必要という計算になる。

186 地球上のすべては、かつて星のかけらだった？

星は永遠に輝いてはいない。一番近くの太陽は、毎秒6億9500万トンの水素を、核融合反応によって、6億9000万トンのヘリウムに転化し、その差500万トンをエネルギーとして放出している。

星の理論によると、こうして輝き続ける太陽は50億年後には燃え尽き飛び散る。しかし、それで何もかも終わりではなく、飛び散った物質は宇宙空間を漂い、そのあるところにゆらぎが生じると、そこにまた集まって次の星が誕生する。太陽も50億年前にそうして生まれ、そのとき地球やその他の太陽系惑星もできた。だから、地球上のすべては、かつては、「星のかけら」だったといっていいのである。

187 「春分の日」と「秋分の日」の昼と夜の長さは本当に同じか？

「春分の日」と「秋分の日」の昼と夜の長さが同じというのは常識となっている。しかし、この常識は正確ではない。

本当は昼と夜の長さは同じではない。

なぜか？

太陽の中心部が地平線にあらわれて沈むまでを昼と定義すると、朝、太陽の中心は地平線の下ですでに見えている。大気による屈折で太陽光線が曲げられるからである。

同様に夕日も、実際にはもう沈んでいるのに、しばらく見ることができる。この結果、春分の日、秋分の日の昼は夜より15分ぐらい長い。もちろん、太陽の頭がちょっとでも見えている間を昼と定義するなら、もっと長くなる。

188 夕焼け小焼けの翌日は、なぜ晴れか？

太陽光のうち、波長の短い青系統の光は、大気の分子に当たって散乱するので、地上のわれわれには波長の長い赤系統の光が主に届く。このため昼間の太陽は、赤っぽい橙に見える。
夕刻、太陽が地平線近くに沈むと、太陽光はさらに厚い大気の層を通過してくるので赤系統の中でも波長のより長い赤い光が届く。夕焼けだ。また、夕焼けするとは、地平線に

沈む太陽からの光が途中、厚い雲に遮られることなく届いているということでもある。西の空に遮る雲がない。日本の天気は西から変わるので、西の空に雲（雨雲）がなければ次の日は晴れる。

189 金星は「明けの明星」になったり「宵の明星」になったりする。なぜか？

日没後、ひときわ明るく輝く「宵の明星」は金星である。また、明け方に輝く「明けの明星」も金星である。なぜ、「宵の明星」になったり「明けの明星」になったりするのか。

それは、太陽の周りを公転している金星が、太陽が真南にきたとき、向かって左にあるか右にあるかによって違ってくるからである。

左にあれば、夕刻、太陽が沈んだ後に金星が沈むので「宵の明星」になる。

逆に、右側だと金星が沈んだ後太陽が沈むので、金星は見えない。しかし、明け方は、金星が先に出て輝き、次に太陽が昇るので「明けの明星」となる。だから、1年のうち約半分は「宵の明星」、約半分は「明けの明星」となる。

190

地球貫通トンネルをつくり、鉄球を落としたらどうなるか？

地球貫通トンネルは、実現するのは不可能だが、思考実験ならできる。思考実験とは頭の中で考えてみることだ。ではやってみよう。

貫通トンネルに鉄球を落とすと、落下速度はどんどん速くなる。そして、中心を時速3万キロメートル（最大速度）で通過することが計算上わかっている。その後は減速し、反対側の入り口に到着するときは速度ゼロになる。そこでいったん止まるが、すぐ、また落下を開始する。そして、中心で時速3万キロメートルとなり、こちらの入り口までくるとゼロとなって、また……と永遠にこの運動を繰り返す。鉄球がこのトンネルを往復するのに要する時間は90分、これも計算でわかっている。また、このトンネルは、必ずしも中心を通らなくてもよい。東京―ロンドンでも東京―ハワイでも東京―北京でも、どれも同じである。どこでも、鉄球は90分で往復運動する。この原理を応用したのがＳＦ小説の「夢の重力列車」だ。

191 オゾンホールはなぜ、南極の上空にできるか？

１９８０年代はじめに、南極で見つかったオゾンホールは、南半球の人を恐怖に陥れた。地上20〜30キロメートルの成層圏にあるオゾン層は太陽からの紫外線を遮っているが、ここに穴があくと大量の紫外線が地上に降り注ぎ、皮膚がんを誘発することもあるからだ。

オゾンホールの原因は冷蔵庫やエアコンで使われていたフロン・ガスである。フロンは成層圏まで上がると紫外線によって分解される。そのとき放出される塩素がオゾンと反応し、その結果オゾン層に穴ができる。南極の冬は光が当たらないので成層圏は水蒸気が氷の粒になっているが、夏に光が当たると、これが触媒となって塩素反応が活発になる。

192 大型旅客機の愛称は、なぜ「ジャンボ」か？

１８８０年頃、ロンドン動物園にいたアフリカゾウに愛称をつけることになり、ケニアなど東アフリカの言語のスワヒリ語で「こんにちは」という意味の「ジャンボ」に決まった。これがよかったのか、このゾウに大変な人気が集まった。そこで、ある興行師が、サーカスのゾウとしてアメリカに連れていくことにした。すると案の定こちらでも人気が沸騰し、いつの間にか、大きなゾウのことを「ジャンボ」というようになった。イメージが定着したのだ。

さて、１９７０年、ボーイング社は大型ジェット旅客機を開発し、お披露目の見学会にジャーナリストたちを招待した。その中の１人が、このジェット機の、これまでにないズングリした形を見て、ゾウ（＝ジャンボ）を連想してしまった。そして「ジャンボ」という愛称をつけて記事を書いたのである。それ以後、「ジャンボ」機と呼ばれるようになった。

193 高層ビルのガラスは地震で落ちてこないか？

東京の都心部には高層ビルが林立し景色が一昔前とは一変してしまった。見上げると高層ビルの窓は空や街の景色を映し、魅力的な風景を演出してくれている。が、大地震で壊れたガラスが落ちてこないのだろうか。

確かに、気になることだが、当然、安全対策は万全にしてある。まず、地震や風圧で生じる歪みに対しては、ガラスとサッシの間の隙間を十分にとって、建物の歪みがガラスに伝わらないよう工夫してある。

さらに、割れても落下しないよう、超強化ガラスが使ってあるのでいらぬ心配をする必要はないということである。

194 信号機の色はなぜ、赤、黄、緑か？

信号機の赤、黄、緑にはちゃんと理由がある。信号で一番大切なのは「止まれ」だが、これは、注意を喚起《かんき》し、しかも、遠くからよく見える色でなければならない。それは、波長の長い赤である。例えば、夕焼けは赤く染まるが、あれは、地平線に沈みつつある太陽光のうち波長の長い赤が途中で遮られることなく届いているからである。他の色は途中で散乱してしまう。

赤の次に波長の長い色が黄(橙)、赤系統ではない色で次に波長の長いのが緑である。すなわち、赤、黄、緑は遠くからよく見える、波長の長い3色である。だから採用された。

195 送電線に止まっている鳥が感電しないのはなぜか？

高圧電線にヤマバトが止まっている。平気の平左でホーホーと鳴いている。なぜ感電しないのだろうか？　それは、電線の鳥には電流が入っても抜けるところがなく、電気が流れないからである。流れなければ感電しない。

ちぎれた電線に触れた人が感電するのは、体を伝わって地面に電流が抜けるからである。電気が流れる。だから、電気工事の人は、絶縁したハシゴに乗り、電流が流れないように備えて仕事をしている、

196 「バチッ」という静電気、なぜ、冬だけか？

わきの下にはさんだ下敷きをこすって、静電気を発生させたり、ちぎった紙や髪の毛を吸い寄せる実験をしたことがあるだろう。同じ原理で、体を動かすと衣服が肌とこすれて静電気が生じ「バチッ」となる。それなら夏にも起こりそうに思える。

確かに、こすれ合って静電気が発生するのはどの季節でも同じだが、夏は汗をかき空気

中の湿度も高いので、静電気が流れ、体から逃げる。

これに対し、冬はたくさん着るので、こすれ合う面積が広い上、肌が乾燥し、空気も乾燥しており、静電気の逃げ場がない。冬でも湿気を吸う木綿や絹の衣類を着ていると災難にあわなくて済む。

197 静電気防止スプレーの仕掛けはどうなっているか?

静電気を帯びるとバチッとくるだけでなく、ホコリがつき、衣服がまとわりつくので、静電気防止スプレーを使う人もいる。どんな仕掛けになっているか。

スプレーの中に入っているのはアルコールに溶かした界面活性剤《かいめんかっせいざい》である。これを衣服にスプレーするとアルコールはすぐに蒸発するので、界面活性剤だけ布地に残る。界面活性剤は洗剤に含まれているので名前を聞いたことがあると思うが、水の表面張力をなくし、水と素材をよくなじませる働きがある。布地についた界面活性剤は大気中の水分と布地をなじませるので静電気はその湿気を伝って大気中に逃げていく。

198 ドライアイスから立ち上る白い煙を吸って大丈夫か？

ドライアイスは二酸化炭素を凍らせてつくったものである。それゆえ白い煙はドライアイスが気化した二酸化炭素の煙と思ったかもしれないがそうではない。あれは空気中の水分がドライアイスに冷やされ霧状になったものだ。また、二酸化炭素が混ざっていたとしても、一酸化炭素ではないから害はない。心配無用だ。

199 同じH_2Oなのに、なぜ氷は水に浮くか？

水と氷、どちらもH_2Oの分子が集まっているが、集まり方が違うので比重が違う。氷はすべての分子が整然と並んでいるので分子と分子の間に隙間ができる。これに対し氷が溶けて水になると、分子はゴチャゴチャになり、分子と分子の間にも分子が入って、ぎっしり詰まった状態になる。1合枡《ます》に米をきれいに並べて入れるより、揺らしながらゴチャゴチャ入れた方がたくさん入るのと同じだ。すなわち、同じ体積の氷と水では、水の方が重くなる。比重が大きくなる。だから氷が浮くのだ。

200 便利な使い捨てカイロは、どうして温かくなるか？

使い捨てカイロの中袋には、活性炭、木の粉、鉄の粉、塩をしみ込ませた石の粉などが入っている。外袋を破り、中袋をもむと、空気に触れた鉄の粉が酸化（錆びること）して熱を出し始める。普通、鉄が錆びるときはゆっくり反応するので熱は感じられないが、カイロの場合、活性炭が空気中の酸素を取り込んで濃度を高くし、塩分が反応を進め、鉄も粉にしてあるので酸素と触れる面積が大きく、酸化がどんどん進み発熱する。

201 火事で黒焦げになった1万円札はどうすればいいか？

黒焦げにならなくても、お札が半分にちぎれ、半分がなくなるようなことは、商売をしていれば、よくあること。半分になった1万円札は使えるか。

これは、銀行に行けば教えてくれるが、黒焦げも半欠けもそのままでは使えない。日本銀行の本店か支店に持っていき、ちゃんとしたお札に交換してもらうといい。交換には決まりがある。すなわち、お札がちぎれてなくなったときは、お札の形が3分の2以上残っていれば全額、５分の２以上なら半額である。また、黒焦げになったり、灰になったり、ボロボロになったときでも元の形が確認できれば度合いによって交換してくれる。

202 海苔《のり》をあぶるのはパリッとさせるためではない？

焼き海苔を火であぶるのは乾燥させパリッとさせるためと思っていないだろうか。それなら、にぎりに巻く海苔は、どうせ湿ってしまうのだから、あぶる必要はない。しかし、ちゃんとあぶって巻くのが正しい。なぜか？

それは、熱を加えることによって海苔の細胞を壊し、風味やうま味を引き出すのが目的だからである。そのついでにパリッとする。また、熱を加えるとアミノ酸と糖分が反応し香りも強くなる。ただ、焼きすぎると風味が落ちるので、２枚重ね（１枚なら半分に折る）にして片面だけをさっとあぶるのがいい。

203 ジャガイモに毒があるってこと、知っているか？

ジャガイモは生では食べない。芽や皮に毒があるからである。特に新芽にたくさん含まれているソラニンをうっかり口に入れると、腹痛を起こすだけでなく、量が多いと赤血球が壊れたり、瞳が開きっぱなしになることもある。だから調理するときはちゃんと除外しなくてはならない。皮にも少し含まれている。ソラニンは熱を加えると壊れるので、加熱調理すれば心配ないが、念のため芽と皮は取り除いて食べるのがいい。

204 刺身やにぎり寿司には、なぜ、わさびがつきものか？

生の魚にはばい菌がつきやすく、また寄生虫がよくいる。害のない寄生虫もいるが、中にはアジにつくハダムシ、イカのアニサキスのように腹痛の原因になるものもいる。これらの害を防いでくれるのがわさびとしょうがである。

この2つは生臭さを消すだけでなく、寄生虫やばい菌も瞬時に殺してくれるので、生魚を食べるときの必需品なのである。すしはさび抜きで食べない方がいい。

205 「宵越しの茶」は飲むなという。なぜか？

お茶の葉にはたんぱく質も含まれている。このたんぱく質はお湯にはほとんど溶け出さず、出がらしの中に残っている。出がらしをそのまま置いておくと、生ぬるい湯とお茶っ葉のたんぱく質で、ばい菌が増えるのにちょうどいい環境となる。一晩かかって十分増えたところで、朝、それを飲むと体によくない。わざわざばい菌を飲んでいるようなものである。

206 食物繊維ともう1つ、便秘によく効く食べ物とは？

食物繊維が腸の掃除をし、便秘に効果のあることを知らない人はいない。しかし、食物繊維に効果があるといっても、腸がそれらを外に送り出さなくては意味がない。外に送り出す腸の運動は蠕動《ぜんどう》運動という。この運動を促すのは、アセチルコリンという物質だが、これは食品に含まれているパントテン酸の働きによって体の中で合成される。だから、パントテン酸を豊富に含んでいる食品をとれば「効果あり」というわけだが、それは何かというと納豆、大麦、ジャガイモ、玄米、レバーなどだ。納豆を玄米ご飯と一緒に食べれば効果テキメンである。

207 なぜ、電子レンジで生卵をチンすると爆発するか？

電子レンジの使用注意書きには「卵を殻つきのままかけると大爆発する」と書いてある。さらに「爆発するのは黄身が先に固まって膨張するため」と説明があるが、それだけのことで大爆発するのだろうか。

熱を加えて固まる温度は黄身が65度～70度、白身は80度以上である。卵をゆでる場合は、外側からジワジワ加熱するので、まず白身が固まり、その後、黄身が固まる。固まった白身が黄身を包んでいるので安定している。ところが、電子レンジの場合は、電波が、黄身にも白身にも同時に届くので、白身がまだドロドロの状態のとき、黄身が先に固まって膨張する。

そのため白身も圧迫され爆発するのだ。

208 ワカメの味噌汁は日本人にとってとても大切。なぜか？

味噌汁の具で栄養学的にすすめたいのはワカメだ。味噌の原料の大豆は、健康にいいことずくめだが、食べすぎると甲状腺《こうじょうせん》異常を招く物質が含まれている。ただ、この物質はヨウ素と一緒にとると消されるので、味噌汁にはワカメを入れるのがいい。

実際、日本人は世界一といってもいいほど大豆食品を食べているのに甲状腺異常は世界一少ない。それは煮豆にコンブ、大豆とヒジキの煮物、湯豆腐のコンブと大豆食品と海草をセットで食べているからだ。

209 ホウレンソウを食べると結石ができる、は本当か？

ホウレンソウにはシュウ酸が含まれている。そのため、たくさん食べると腎臓や尿路に結石ができるという話をよく聞く。

本当だろうか？

ホウレンソウには独特のおいしさがあるのでゆでてたくさん食べてしまう人もいる。実際、ネズミを使った実験では、生のホウレンソウを大量に食べさせ続けると、シュウ酸がカルシウムと結びつき腎臓や尿路に結石ができる。しかし、これは生のホウレンソウを大量に食べた場合の話、普通に食べる分には問題はない。シュウ酸は水に溶け出すので、ゆでて、おひたしにすればいくら食べても大丈夫である。

210 アイスクリームを食べすぎると必ずお腹をこわす。なぜか？

学校でつくった試験管アイスクリームは、塩を触媒にし、氷の温度を下げてつくる。これでわかるように、アイスクリームの温度は氷よりかなり低い。

市販のアイスクリームは、スプーンですくえないくらいカチッと凍っているが、その温度はマイナス12度C。だから、マイナス5度Cの冷凍室では少し柔らかくなる。こんなに低温だから、食べすぎると必ずお腹をこわすのだ。

お腹を冷やすと腸内酵素の働きが低下するので痛くなる。

211 タマネギは冷蔵庫の野菜室に入れておくと切っても涙が出ない？

ベランダのかごからタマネギを持ってきて、グサグサ切ったはいいが涙また涙で手元が見えなくなってしまう。涙の素は細胞に含まれているアリルプロピオンという物質。蒸発しやすいので切るとパッと空中に飛び散る。実は、このアリルプロピオン、温度が低いと蒸発しにくくなるので冷蔵庫で冷やしておけばＯＫ。しかも、水に溶けやすいので、切って、さっと水に放てば涙は出ない。温かいベランダに置いていたタマネギを、切れない包丁でグサグサやると涙が止まらなくなる。

212 石焼きいもは蒸《ふ》かしいもより甘い。なぜか？

サツマイモはいろんな食べ方があるが一番甘いのは石焼きいもだろう。どうしてあんなに甘くておいしいのか。サツマイモを生でかじってみると甘味はほとんどない。ところが、加熱すると含まれているアミラーゼがでんぷんを糖分に変えるので甘くなる。このアミラーゼの働きが一番強くなるのが60〜70度Ｃくらいの間、この温度帯に長くいもを置い

ていると甘味は強くなる。それが石焼きいもだ。

213 絹ごし豆腐と木綿豆腐、どっちが栄養豊富か?

絹でこしたのが絹ごし豆腐、木綿でこしたのが木綿豆腐と思っていないだろうか。そうではない。絹ごし豆腐は濃い目の豆乳を型箱に入れ、凝固剤を加えてそのまま自然に固めてつくったもの。絹は使わない。他方、木綿豆腐は木綿の布を敷いた型箱に凝固剤を混ぜた豆乳を入れ、固まり始めたところで上に重しを置く。木綿の跡が残るので見た目も木綿豆腐となる。木綿豆腐は重しで余分な水分を押し出すのでカロリーもたんぱく質も絹ごし豆腐よりは豊富だ。

214 なぜ、マラソンの距離は42・195キロメートルか?

マラソンの42・195キロメートルはいかにも半端な数字である。45キロメートルとか50キロメートルというきりのいい距離ではない。それには次のようなエピソードがある。

紀元前490年、マラトンでギリシャ軍がペルシャ軍を打ち破ったとき、1人の兵士が勝利の報を伝えようとアテネまで走ったのがマラソンの由来とされている。このとき走った距離は36・75キロメートルである。第1回のアテネ大会（1896年）から3回まではこの距離だったが、第4回ロンドン大会（1908年）で26マイル（41・842キロメートル）に変更された。これは国王の住むウィンザー城からシェファードブッシュ競技場までの距離である。ところが、王妃アレクサンドラがこれに注文をつけ、「スタートは城の庭、ゴールは競技場の貴賓席《きひんせき》の前」といったため、急きょ、調整された。その距離が42・195キロメートルだった。そして、その後、第8回パリ大会からこの距離がマラソンの競技距離として正式採用された。

215 明治天皇と徳川慶喜、どちらが長生きだったか？

明治天皇は明治45年（1912年）に満59歳で亡くなった。では、徳川慶喜《よしのぶ》はどうか。大政奉還（1867年）の後どうしていたか？

退位後、静岡に移り住んだ慶喜は謡曲《ようきょく》、油絵、狩猟、写真など趣味の範囲を広げ悠々《ゆうゆう》自適《じてき》の後半生を送ったといわれる。手先が器用で、簡単な大工仕事などは自分でこなすほどの人だった。将軍というと病弱で早世という印象があるが、慶喜は健康で体力もあった。人生を十分楽しんだ後、明治天皇が亡くなった翌年の大正2年（1913年）に満76歳で亡くなった。

第7章

シマウマのシマ模様は、「白地に黒」か「黒地に白」か？

216 お風呂の栓を抜くと、なぜ必ず左巻きの渦になるか？

風呂の栓を抜くと、水があるところまで減ると必ず渦を巻く。不思議なことに、その渦はいつも左巻きである。なぜだろうか？

これは洗面所でやっても、台所でやっても同じだ。渦が左巻きなのは地球の自転のせいである。左巻きにさせる力は「コリオリの力」といい、北半球では、台風の渦も竜巻も風呂の渦も、すべて左巻きである。反対の南半球では右巻きだ。すなわち、この渦を見るだけで、地球が自転していることを自分の目で実感できるわけだ。地球の自転速度は赤道直下で秒速0・5キロメートルだから、時速に直すと1800キロメートル。新幹線「のぞみ」の6倍である。

217 歩くと、なぜ体にいいか？

体にいいというのでウォーキングがますます盛んになっている。お金がかからず、しかも、脳にもいいというのだから、ますます「やる気」も出るだろう。

指を使ったり、人と話をしたりすると脳にいいといわれる。これは指や口を動かす速筋が大脳皮質の広い範囲でコントロールされているからである。速筋は体を動かす筋肉、これに対し遅筋は体を支える腹筋や背筋だが、下半身には遅筋とともに速筋がたくさんあり、歩くとこれら筋肉が強くなって脳も快活になる。

脳が元気な人は体も元気だ。

218 好きな人の前に出ると、なぜ赤くなるか？

好きな人からは性的な刺激を受ける。性的な刺激を受けると、脳はノルアドレナリンというホルモンを分泌するが、このホルモンはまた、感情を支配するホルモンでもあるので、たくさん出ると心臓がドキドキし、のどがカラカラになり、言葉がうまく出てこなくなる。その結果、血圧が上がり顔も赤くなる。人前であがるのと同じ状態なので、開き直ってしまえば落ち着く。

219 よく噛むと「がん」も予防できる。なぜか?

ご飯をよく噛んで食べると、消化にいいだけでなく、あごや歯が強くなり、食べ物本来のおいしさが引き出され、頭もよくなるというのだからいいことずくめである。その上、発がん性物質を抑える効果もある。食事はゆっくり噛んで食べたい。

唾液にはペルオキシターゼなど12の酵素が含まれ、食品添加物や魚の焼け焦げなどほとんどの発がん性物質に対して「毒消し作用」がある。唾液が最もよく出るのは口に入れて30秒後からなので、30回以上噛むとよい。

220 船の後ろを追いかけるイルカは遊んでいるのではない?

船が外洋に出るとイルカが後を追いかけてくる話をよく聞くが、これは別に、船に乗っている人に挨拶に来るわけではない。

アメリカ海軍海洋システムセンターのウイリアムズによると、イルカは自力で大海を泳いでいるときより、船の後ろを泳いでいるときの方が、呼吸数が少なくて済んでいるという。すなわち、イルカは船の後ろに起こる波に乗って泳ぐことで、余分なエネルギーを節約しているのである。人間はイルカが挨拶に来たと勝手な解釈をして喜んでいるが、イルカにしてみれば単なる生活の知恵の１つなのだ。

221 なぜ、高空を飛んでいるトンビに油揚げをさらわれるか？

トンビが油揚げをさらうのは餌になるからだが、はるか高いところを旋回しているのに、なぜ油揚げとわかるのだろうか？

トンビが旋回している高度は１００メートル以上である。われわれが１００メートル離れて、黄色く見えるものが油揚げとわかるかというと、わからない。しかし、鳥の視力は、強力なので、同じに考えない方がいい。例えば、タカは３００メートルの高さからネズミ、ヘビ、モグラ、ウサギなどの動きが手にとるように見える。トンビも抜群の視力で油揚げをさらうくらい朝飯前なのだ。

222 カルシウムが足りなくなると心臓が止まることもある？

育ち盛りにはカルシウムが欠かせない。それは骨や歯の成分の半分以上をカルシウムが占めているからだ。

バランスのよい食事をし、牛乳を飲み、小魚を丸ごと食べ、運動をしていればカルシウムは自然にとることができる。逆に、無理なダイエットをし、不健康な生活を続けていると不足する。不足すると、成長が阻害されるだけでなく健康にも重大な影響が出る。

カルシウムには心臓や脳、筋肉の働きを促す作用もあるので、不足すると脳の働きが鈍くなり、筋肉が痙攣する。心臓は筋肉でできているので停止することもある。危ない！

223 テフロン加工のフライパンはなぜくっつかないか？

昔のフライパンはくっつくので油を引いたが、いまはテフロン加工だからくっつかないのが常識。電気釜も同じくテフロン加工でくっつかない。その上、洗うのが簡単というのだからいいことずくめだ。なぜ、くっつかないのか。

テフロン（商品名）はフッ素と炭素でできているが、その特徴は「表面張力がきわめて小さい」ことにある。これがくっつかない秘密だ。

水と油でわかるように、表面張力の小さい油と表面張力の大きい水は混ざり合わない。はじき合う。テフロンの表面張力はきわめて小さいので水分とはじき合ってくっつかないのである。水で洗いやすいのも同じ理由だ。

224 シマウマのシマ模様は、「白地に黒」か「黒地に白」か？

アフリカのサバンナにはたくさんのシマウマがいるが、家畜として利用したという話は聞かない。理由ははっきりしていて、背中が重さに耐えられない構造だからである。しかも、性格が荒っぽく、人間になつかない。というか、警戒心を解かない。しかも年をとるとその傾向がますます強くなるので手に負えないのである。さて、そのシマだが「白ウマに黒のシマ」というのが定説となっている。その証拠にクアッガという種類は、前半分はシマだが、後ろは真っ白だし、バーチェルという種類は脚が白のみである。

人間やゴリラ、チンパンジー以外の哺乳類はほとんど色の識別ができないので、シマ模様は背景のサバンナに溶け込んで肉食獣には見分けがつかない。安全マークだ。

225 食虫植物はなぜ、虫を食べなくてはならないか？

温室や室内で育てているのではわからないが、食虫植物の生育環境は高い山の高層湿原地帯と呼ばれるところが多い。気温が低く、水分はたくさんあるが清らかすぎ、落葉があっても分解するバクテリアがいない。こんなところに生えている植物はそのままでは栄養不足となる。そこで、虫を捕食して栄養を得ているわけだ。ウツボカズラなどを見ればわかるが、虫を食べるといっても、粘液で逃がさないようにし、消化液でゆっくり分解吸収するのである。

226 インドゾウの耳よりアフリカゾウの耳の方が大きい。なぜか？

アフリカゾウは耳を広げ、ライオンなど肉食獣を威嚇することもあるが、大きな耳の主な理由はクーラーである。アフリカのサバンナを移動するゾウは一日中直射日光を浴び続ける。とにかく暑いのだ。そこで、巨大な耳をパタパタ動かし、耳の裏に網の目のように走っている血管に冷たい空気を当てる。ここで冷やされた血液が全身を巡り体温を下げるのである。インドゾウは木陰のあるところにいるので耳はそれほど大きくなくてよい。

227 いつ襲われるかわからない草食動物は、いつ眠っているか？

弱肉強食のサバンナでは、草食動物はいつ襲われるかわからない。警戒を怠ることはできない。当然、ぐっすり眠ることなどできないだろう。しかし、それで疲れないのか。

キリンの場合を見てみよう。

実は、キリンの体は20分眠れば疲労回復ができるようになっている。しかも、深く眠るのはそのうち2分だけ。目覚めると即座に全力で走ることができるのである。

228 植物同士も連絡をとり合っている。本当か？

プラタナスに虫がつくと、葉の中に虫の嫌いなタンニンや石炭酸などがつくられ、葉そのものが虫にとって毒に変身することがアメリカの研究者によって明らかにされているが、さらにその後の研究で、虫に襲われた木は警戒信号ともいえる物質を出し、他の木に虫の来襲を知らせていることがわかった。

警戒信号の物質を感知した森や林の木は、葉にタンニンや石炭酸をつくって虫がつかないようにするのである。

静かに立っているように見える樹木だが、フィトンチッドを出したり、警戒信号を出したり、いろんなことをやっている。

229 くしゃみに混入している有害ウイルスをマスクで防げるか？

防げない。

くしゃみで放出される吐息の速度は時速160キロメートル以上だから、新幹線「のぞみ」の半分という猛スピードだ。100メートル離れたところに2秒で到達する。こんな猛スピードでハークションとやるのだから、マスクの布目など、あってなきがごときだ。

最近は防菌マスクもあるが、ヨコからもウイルスは飛び散るので、それこそ「傍迷惑《はためいわく》」

だ。他人のくしゃみから自分を守るには免疫力しかない。健康で免疫力があれば、ウイルスを浴びせられてもはじき返すことができる。

230 コップ1杯の水を飲むだけで、なぜ心が落ち着くのか？

講演会では講演者の前に水差しが置いてある。登場するとまず水を1杯飲む人が多い。これには、のどを潤すだけでなく、心を落ち着かせる効果もある。冷たい水は味覚神経を刺激するが、中でも10度C前後の水は味覚神経の酸味を刺激し脳に合図を送ることがわかっている。「レモン水」と同じということになるが、酸味には緊張を和らげる効果があり、その結果、落ち着いた気分になるのである。

231 ガス管の中のガスにコンロの火は逆流しない。なぜか？

ガス管の中は100パーセント、ガスが充満しているから危険な感じがする。しかし、別の言い方をすれば、100パーセント、ガスが充満して他のものは何もないということである。すなわち、ものが燃えるときに必要な酸素もない。だから、燃えないのである。また、管の中の温度はガスの発火点よりずっと低いので、何かの加減で酸素が入ったとしても発火しない。火は逆流しないようになっている。

232 大人は高血圧を気にするが、どんなよくないことがあるか？

ある年齢までは気にもならないのが血圧だが、中年以上になって最高血圧が200近くになると大さわぎだ。血圧は血液がどれくらいの圧力で押し出されているかを表している。血液を送り出すのは心臓だから、血圧200は、血圧100の倍の力で働いていることになる。腕や足の筋肉は使えば太く強くなるが、心臓の筋肉は肥大するだけで強くはならない。肥大すれば、栄養や酸素が余計に必要となるが、血管は元のままなので対応できなくなる。心臓は休めないから、そのままだと血管に過重な負担がかかり心筋梗塞などの危険が大きくなる。

233

血圧の高い人が塩分をとりすぎるとよくない。なぜか？

食べ物の塩分は小腸から吸収され血液に入る。塩分の濃い血液が小腸から腎臓に行くと、濃くなった血液を薄めるべく、尿として排泄される予定だった水分を再び取り込む。その結果、血液の量が増え血管に圧力がかかるのである。また、塩分には細動脈《さいどうみゃく》を収縮させる働きがあり、これも血圧を上げる要因となる。

成人が1日に必要な塩分は約3グラム。これは普通の食事で十分まかなえるが、和食だと味噌、しょうゆ中心の料理が多いので高血圧の人は用心が必要。漬物、梅干などを食べるとすぐ10グラムを突破する。

第8章

地球も月も太陽も球。天体はなぜまるいのか？

234 地球も月も太陽も球。天体はなぜまるいのか？

三角や四角の星があればおもしろいと思う。が、小天体は別にして、地球の1万分の1より大きい天体はすべて球である。まるい。

なぜだろうか？

それは、天体というものが、星間物質の中にできたゆらぎを中心に周りから物質が集まり、その引力でさらに物質を引きつけてでき上がったものだからである。周りから物質をまんべんなく集めて球になったのである。

もし、三角錐や四角錐のように尖った部分があるのであれば、そこに何か特別な力が働かなくてはならない。しかし、宇宙にそんな力はないので、すべての天体は、ごく自然に球になる。まるくなるのだ。

235 太陽と月の見かけ上の大きさは同じ。なぜか？

日食《にっしょく》は月（衛星）が太陽を隠す現象だから、衛星のある惑星ならどこでも起こるが、

太陽をすっぽり隠す皆既《かいき》日食と美しい金環食《きんかんしょく》は地球でしか見ることができない。

なぜだろうか？

これには太陽、地球、月、３者間の「恐るべき偶然」が作用している。その偶然とは、太陽が月の４００倍の大きさ（直径）なのに対し、地球・太陽間の距離が、地球・月間の距離の４００倍遠いのである。だから同じ大きさに見える。

この結果、月が太陽とちょうど重なったら皆既日食、月が地球から少し遠くなったら（少し小さく見えるので）金環食となる。

236 星が瞬いて見えるのは、星自身が瞬いているからではない？

高空を飛ぶジャンボジェット機の窓から見える星はピカーッと光ったままなので異様な感じを受ける。地上から見る星は小さく淡く瞬《またた》いて見えるが、星は本来、太陽（恒星）が遠くで光っているのだから瞬いてはいないのだ。

地上から瞬いて見えるのは大気のゆらぎのせいである。地上は厚い大気の底なので海底から灯台の灯を見ているようなものである。だから揺らいで瞬く。

237 地球から月の裏側が見えないのはなぜか？

地球は自転しながら太陽の周りを公転している。同様に、月も自転しながら地球の周りを公転している。ここで不思議に思うのは、「自転しているなら裏側が見えてもいいのではないか」ということだろう。なぜ見えないのか。

学校では「月の公転周期と自転周期が同じだから」と習ったハズだが、これではピンとこないだろう。公転周期と自転周期が同じとは、串に刺された団子のような状態で、月が地球の周りをまわっていると考えるとわかりやすい。串刺しだからいつも同じ面を向けている。1周する間に自分も1回転することは、実際に試してみればわかる。

238 月は地球に引かれているのに落ちてこない。なぜか？

月と地球は引力で引き合っている。だから、月は地球に落ちてくるべきである。事実、毎秒1・4メートル引かれているのだ。それなのに、落ちてこない。なぜだろうか。

それは、毎秒1・4メートルの落下速度とともに、秒速1キロメートルの横向きの速度を持っているからである。これは月の公転速度であるが、時速に直すと３６００キロメートル、時速３００キロメートルの「のぞみ」の12倍の速さだ。こんな猛スピードで地球の周りをくるくるまわっているので、月は地球に毎秒１・４メートル落ちる間に１キロメートル横に動き、その結果、１秒後にはやはり地球から38万キロメートルのところにいるのである。月の公転運動を分解して説明するとこうなる。

239 太陽が太陽系の中心なのはなぜか、という素朴な疑問

太陽系には水、金、地、火、木、土、天、海の8惑星の他にも、小惑星、衛星（月）、彗星、微小天体まで含めると膨大な数の天体があるが、それらすべてがたった１つの太陽を中心に整然と運動して乱れがない。それほど太陽の力は強いのだろうか。

強いのである。

太陽系全体の質量を１００とすると、その98・9パーセント弱を太陽が占めているのである。巨大惑星の木星でも太陽の０・１パーセントしかない。超巨大な太陽の周りを粉のような惑星がブンブンまわっているというイメージを描くとちょうどいいのである。

240 土星が水に浮くほど軽い、というのは本当か？

１９８１年、ボイジャー2号が土星に接近し、輪が、それまで考えられていた宇宙のチリの集合でなく、氷でできた厚さ1キロメートル程度の円盤であるとわかった。また、土星本体の平均密度は1立方センチメートル当たり０・６９グラムと水より小さいこともはっきりした。密度が水より小さいとは、水に浮くということだ。もっとも、これは平均値だから、中心部は周りの濃いガスに押されて高い密度になっていると考えられる。中の方には固体部分があり、そこに生命がいると空想する人もいる。

241 土星の輪はときどき消える。なぜか？

１６１１年、口径2・5センチの自作望遠鏡で土星を観測していたガリレオは、土星の両側に耳があるのを発見した。望遠鏡の分解能（くっきり見える性能）が悪く輪には見えなかったのである。しかし、5年後の１６１６年に再び観測したところ、この耳はなくなっていた。

性能のいい望遠鏡によって、土星の輪が確認されたのは、この40年後の１６５６年だが、その後の観測によって、輪は15年周期で、地球から見て真横になり、見えなくなることがわかった。１６１６年はちょうどその年だったのである。

242 地球外生命はいるか？

宇宙物理学者に聞くと口をそろえて「地球外生命はいる」という。その根拠となっているのは現代の宇宙観である。これは「平等宇宙観」ともいわれ、地球だけが特別ではないとする立場だ。１５４３年、コペルニクスの地動説によって地球中心説が否定され、次に登場した太陽中心説も消え、銀河系中心説も消え、その結果、宇宙の大局的な姿はどこも同じとする平等宇宙観が確立された。この立場では、地球で起こったことは、条件さえ満たされれば、宇宙のどこでも起こりうるのであり、生命も地球だけのものではないと考えるのだ。だからだ。

243 地球外生命がいそうな天体が銀河系内にあるか?

東京工業大学の井田茂・教授(惑星科学)は著書の中で「相当割り引いて考えても、太陽のような条件の天体は銀河系1000億個の星のうち1パーセントくらいはあるだろう」と述べている。

太陽のような星が10億個あるとしたら、そのうちのいくつかに太陽系のような惑星があり、その3番目惑星のあたりに地球のような天体があると考えてもいい。そして、その星が太陽と同じ頃に生まれ、地球と同じような変遷をたどっているとするなら、その天体に生命が誕生し、われわれと同じ知的生命に進化している可能性は十分ありえる。平等宇宙観の立場からはそう考えるべきである。

244 「星の数ほど」といわれる夜空の星。何個くらいあるか?

肉眼で見える6等星までの星は全天で約6000個だから、北半球では大体3000個ということになる。もちろん、これがすべてではなく、われわれの銀河系には1000億個以上ある。
宇宙には銀河系のような銀河が１０００億個以上あるので、それらを全部ひっくるめると星の数は１０００億個の１０００億倍以上となる。

245 恒星は「動かない星」という意味だが、本当は動いている？

惑星は惑い動く星だが、恒星は天空に張りついて動かない星と思ってないだろうか。そうだとしたら、即、その考えは改めてもらいたい。宇宙のすべては激しく動いているのだ。

まず、われわれの地球だが、秒速約０・５キロメートル（時速１８００キロメートル）で自転しながら太陽の周りを秒速約30キロメートル（時速10万８０００キロメートル）で公転している。その太陽は、太陽系の全天体を引き連れ秒速20キロメートルでヘラクレス座の方向に運動している。そして、すべての恒星が太陽のように運動をしているのだ。

そんな恒星が１０００億個以上集まる銀河系は中心の周りを超高速でまわっており、さらにそんな銀河が１０００億個以上ある宇宙も膨張している。このようにわれわれの宇宙は、すべてが激しく運動している「動的宇宙」である。

246 天の川には星が密集しているが、星同士は衝突しないのか？

恒星は平均すると秒速50キロメートル（時速18万キロメートル／新幹線「のぞみ」の600倍）の猛スピードで運動している。静止して見えるのはものすごく遠くにあるからだ。どのくらい遠いかというと、例えば、太陽に一番近いケンタウルス座α星で4・3光年だから、1秒間に地球を7周半する光の速さで4年4カ月10日かかる距離である。宇宙はそれほど広大なのだ。その感じを、かつて、イギリスの天文学者ジーンズは「ヨーロッパ大陸に蜂が3匹」といった。「太平洋にスイカが3個くらい」といった日本の宇宙物理学者もいる。密集して見えても、互いに十分離れているので衝突する心配はない。

247 ブラックホールからなぜ、光が出てこられないか？

下りのエスカレータを逆に駆け上るところを想像してもらいたい。エスカレータの下る速度が速いと、どんなに一所懸命駆けても上に行けない。これと同じことが、ブラックホールで起こっていると考えられている。すなわち、ブラックホールの中心には特異点《とくいてん》という極限の重力場があり、中の時空はその重力に引かれ光速で落ちているのである。光は時空を伝わるので、時空が光速で落ちているブラックホールでは、エスカレータの例と同じで前に進めない。だから外には出られない。光が出てこないからブラック（ホール）なのである。

248 星が死んだ後にブラックホールができる。なぜか？

夜空で輝いている星は、膨大な星間物質が集まってできたものだから自分の重力で縮もうとしている。が、同時に核融合反応で輝いているから、内部からの膨張する力も受けている。この2つの力が釣り合う状態で、星は一定の大きさを保っているのである。しかし、星が死を迎えると核融合は終わる。膨張する力が消え重力だけが残る。そうなると縮むしかない。

元の星が十分大きければ、重力も大きいので、残された物質はぎゅうぎゅう詰めとなって電子、陽子、中性子になるが、電子と陽子はくっついて中性子となるので、こんな天体は中性子星である。そして、もっと大きい星では、中性子で巨大な重力を支えきれないので、さらに縮んでブラックホールになるのである。

249 星は死んだらすべてブラックホールになるか？

すべての星が死後、必ずブラックホールになるわけではない。条件がある。

星の1つである太陽は誕生して約50億年を経過し、今後50億年活動することが星の理論でわかっているが、このくらいの大きさの星は寿命が尽きてもブラックホールにならない。夜空の星のほとんどは太陽くらいの大きさなのでブラックホールにはならない。

ブラックホールになるには、重さが太陽の30倍以上なくてはならない。そんな巨大な星は、燃え尽きると超新星爆発で飛び散り、その後に、太陽の10倍以上の物質が残され、その重力で自分がどこまでも縮んでブラックホールになるのである。が、めったにあることではない。

250 光すら出てこないブラックホールをどうやって見つけるか？

理論で、存在することが予言されていても、実際に観測されなければブラックホールが実在するとはいえない。が、光が出てこないのだから直接見ることはできない。どうやって観測するのだろうか。すでに見つかっているのか。

候補はすでに見つかっている。ブラックホールになる星は２つの星が連なった連星《れんせい》であることが多いので、一方がブラックホールになれば、もう一方の星の物質が排水溝に流れ込む水のように吸い込まれていく。このとき物質は、互いにぶつかり合いこすれ合って高温となりX線を放出する。だから、そんなX線天体を観測すれば、直接見えなくても見つけることができるわけだ。すでに有力候補はいくつも見つかっている。

251 ブラックホールは宇宙に何個くらいあるか？

ブラックホールは周りの物質を吸い込んで大きくなることはあっても、何かが原因で消滅することはない。時間が経てばどんどん数は増える。ブラックホール研究で有名な佐藤文隆京都大学名誉教授によると、星が死んだ後にできるブラックホールは銀河系だけで10万個くらいあるという。銀河系の星の数は１０００億個なので、それに比べればわずかだが、想像以上にたくさんある。銀河は宇宙に１０００億以上あるので、宇宙全体では10万個の１０００億倍以上ということになる。

252 われわれの宇宙には果てがある？

１９２９年、アメリカのハッブルによって、われわれの宇宙は膨張宇宙であることが発見された。遠くの宇宙ほど速いスピードで遠ざかっていたのである。遠ければ遠いほど速いのだから、どんどん速くなって、ついに、その速度は光速に達する。光速で遠ざかる宇宙からの光は、波長が極限まで伸ばされる。波長が伸びきった光は、暗くて観測にかからない。

宇宙の情報は光（＝電波）が運んでくるので、われわれが知ることができるのは、観測にかかる光がやって来る、「そこ」からこちらの宇宙である。その意味で「そこ」はわれわれの宇宙の果てということができる。われわれの宇宙には果てがあるのだ。

253 われわれの宇宙に果てがあるなら、果ての向こうは何か？

果ての向こうも宇宙である。

向こうも宇宙なら、果ては、果てではないと思うかもしれない。が、そうではない。

前項で書いたように、果ては、「われわれの宇宙」の果てだから、その向こうが宇宙（われわれの宇宙ではない宇宙）であっても問題はない。例えば、地球上で遠くを眺めると、一番向こうに地平線（水平線）が見える。見ている人にとって、そこは果てだ。しかし、果ての向こうも地球である。その地点に行けば、さらに、その向こうの果てまで見ることができる。同様に、宇宙も、果てに行けば、その向こうの果てまで宇宙が広がっている（観測できる）。そして、そこから見れば、今度は、こちらが向こうにとっての果てとなるわけだ。ただし、宇宙の果てにわれわれが行くことはできない。

254 われわれの宇宙と果ての向こうの宇宙は、同じ宇宙か？

同じである。

なぜなら、現代宇宙論は「宇宙の大局的な姿はどこも同じ」という平等宇宙観に立っているからである。あっちの宇宙も、こっちの宇宙も、同じということである。だから、もし、宇宙の果てAで観測すれば、Aからこちらの宇宙（われわれの宇宙）もAから向こうの宇宙（果ての向こうの宇宙）も同じ、となる。同様にその向こう、さらに向こうと考えても同じである。

にもかかわらず、果てからこちらをわれわれの宇宙というのは、向こうの情報がまったく来ないからである。隔絶されている。その意味で果てから向こうは「あってもない」のである。考えるのは勝手だが、宇宙論的には「ない」のだ。同じ「果て」といっても、地球の果ての向こうは地球だが、われわれの宇宙の果ての場合、向こうは「ない」のだ。われわれにとって宇宙はわれわれの宇宙がすべてなのである。

坪内忠太
Chuta　Tsubouchi
慶應大学法学部卒。書籍編集のかたわら、「雑学知識」を収集。著書は「子どもにウケるたのしい雑学②」「子どもにウケるたのしい雑学③」「日本語おもしろい」「脳にウケるおもしろ雑学」（以上、小社刊）。壷内宙太のペンネームで「宇宙の大疑問」「宇宙の謎が２時間でわかる本」「宇宙飛行」（以上、河出書房新社）、「宇宙の謎」「宇宙生物の謎」（以上、青春出版社）。

子《こ》どもにウケるたのしい雑学《ざつがく》
2009年８月３日　第１刷発行
2016年７月20日　第29刷発行

著…………坪内忠太　
企画・編集…………株式会社波乗社/69

発行者…………大谷松雄
発行所…………株式会社新講社
http://www.shinkosha-jp.com
〒102-0072　東京都千代田区飯田橋4-4-9-410
電話（03）3234-2393・FAX（03）3234-2392
振替・00170-6-615246
印刷・製本……株式会社シナノ

ISBN978-4-86081-283-6　Printed in Japan.

好評発売中

「こんにちわ」と言うのになぜ、
「こんにちは」と書くか？

にほん語
坪内忠太
おもしろい
＊消化器管と三半規管、どちらの漢字が間違いか？
＊「超ド級」というが、この「ド」は度ではない？
＊別れのあいさつで、なぜ「さようなら」というか？
＊刺身はどう見ても切り身なのに、なぜ「刺す」か？
＊「こんにちわ」と言うのになぜ、「こんにちは」と書くか？
＊「びびる」という表現は現代語のようだが、ほんとうは平安時代末期から？
＊なぜ、第三者がうまく儲けることが「漁夫の利」か？
＊「トドのつまり」のトドとは何のことか？
＊料理のコツというときの「コツ」とは何か？
＊同じようでまったく違うことを「月とスッポン」というが、なぜスッポンか？
＊無一文になることを「おけらになる」というが、「おけら」とは虫のオケラか
＊返事の無いことを「梨のつぶて」というが、なぜ「梨」か？
ド